本物のリーダーとは何か

LEADERS

by Warren Bennis and Burt Nanus

本書を我々の子どもたちに捧げる。
ケイト、ジョン、ウィル。
それから、レオラ。
そして次世代のリーダーである、すべての子どもたちに。

著者のことば——ペーパーバック版によせて

本書に着手したのは、かれこれ二〇年以上前のことだ。今こそリーダーシップというテーマを見直すときではないか——それが、当時の我々の思いであった。既存のマネジメント書はどれも、リーダーシップの重要な側面を見過ごしたり、過小評価したりしているように思えた。この分野は新しい発想や研究を緊急に必要としており、これまでとは違う視点を提供することが、その役に立つのではないか、そう考えたのだ。

いざ蓋を開けてみると、本書に対する専門家の反応は期待をはるかに超えるもので、我々が提示した概念の多くは、他の研究者たちにも受け入れられ、拡張されていった。

本書をふりかえって、もっとも有益だった提言をいくつか挙げよう。

①リーダーシップとマネジメントは違う

当時のマネジメント書はほぼすべて、リーダーシップをマネジャーの職務のひとつと見なしていた。しかし我々は、組織のなかでリーダーが果たす目的はマネジャーとは違うと考えた。そしてリーダーには独自の視点と責任があり、マネジャーとは別の適性とスキルが求められると訴えた。「マネジャーはものごとを正しく行い、リーダーは正しいことをする」という我々の言葉は、その後あちこちで引用されることになった。この主張は、リーダーシップ開発を専門とするコンサルタントや学者の増加にも、多少は貢献したのではないだろうか。

②リーダーはメンバーに力を与える

ほとんどの先行研究は、リーダーシップを力の行使やコントロールと不可分のものと見なし、そのような力やコントロールのよりどころを、組織内でそのリーダーが有している権威や責任に求めた。これを我々はひっくり返し、「リーダーはメンバーに権限を委譲することで、意図を実現し、それを持続させる」と主張した。このエンパワーメントの考え方は、後の書き手たちによって「サーバントリーダーシップ」、「協調的リーダーシップ」といった概念へと受け継がれていった。

③組織には全員が共有できるビジョンが必要である

我々は研究結果をもとに、すぐれたリーダーシップには関係者全員を引きつける明確なビジョンと方向性が欠かせないと訴えたが、この主張は実業界のみならず、教育機関や教会組織、各種の非営利団体のリーダーたちにも受け入れられた。今日では、組織の成功には明確なミッションや目的だけでなく、関係者が共有できるビジョンが必要であり、そのいずれが欠けてもリーダーの成功はおぼつかないことが広く認知されている。

④組織には信頼が不可欠である

誠実さ（インテグリティ）の重要性は、昔から多くのマネジャーが理解していたが、だからといって全員がその信念にしたがって行動していたわけではない。しかし本書はいち早く、信頼はすぐれたリーダーシップに欠かせない特質であり、信頼のない組織は必ずだめになると主張した。以降、この考えの正しさは何度も証明されている。そのよい例が、最近立て続けに起きている企業の会計スキャンダルや倒産だ。

⑤リーダーはものごとの意味を伝える

本書が出る前から、組織文化を論じた本はいくつもあった。本書がそれらの本と違ったのは、組織文化をつくり、それを伝えていくうえで、リーダーが果たす役割に光を当てたことだ。リーダーは組織の価値観を明確に表現し、現実を解釈し、ものごとの意味を浮き彫りにし、組織の行動指針となる原則を、しかるべき象徴とロールモデルを使って、一貫性のある形で伝えることに第一義的な責任を負っている。想定外だったのは、このような視点を提示した結果、経営者が組織の価値観の代弁者、代理人としてだけでなく、当人自身がある種のセレブリティとして、マスコミの注目を集めるようになったことだ。この風潮を、我々は大いに懸念している。

本書がリーダーや学者だけでなく、さまざまな人にとって、リーダーシップというテーマを新たな視点から眺めるきっかけになったとすれば、著者としてうれしく思う。世界はますます複雑で、相互依存的で、もろさを秘めた場所となりつつある。このような時代にあって、リーダーの資質と信頼性ほど重要なものはそうない。

世界は、適切な課題を設定し、必要な資源をかり集め、人々に組織や社会の最大利益のために行動する力を与えられるリーダーを必要としているのだ。

二〇〇三年三月

ウォレン・ベニス
バート・ナナス

第二版の刊行にあたって

本書の第一版を読み返すと、誇らしい気持ちになる。その内容は、どれも過去の研究に基づく客観的なもので、そこに描かれた概念の多く（ビジョン、エンパワーメント、組織学習、信頼など）は、発刊から一二年が過ぎた今も説得力を失っていない。

その一方で、もっと強調すべきだったと感じる点も多々あった。フランス語には、これにぴったりの表現がある。L'esprit d'escalier――字義通りに訳せば、「階段の機知」。人と別れ、階段を降りているときに、別れた相手に言っておけばよかった言葉を思いつく現象だ。そこで我々は第一版を改訂し、新しい情報を随所に盛り込み、さらに最終章にはまったく新しいセクションを加えて、リーダーシップの未来について思うところを述べることにした。

下記は、第二版で我々が強調したいと考えている点だ。

①リーダーシップは人格の問題である。人格はたえず進化していく。リーダーになるプロセスは、調和のとれた人間になるプロセスとほとんど変わらない。

多くの組織は、幹部を評価する際に七つの指標を用いる。実務能力、対人能力、思考力、過去の実績、分別、判断力、そして人格だ。なかでも最後の二つ（判断力と人格）は、特定したり、測定したり、育成したりするのが難しい。教える方法となると、皆目わからない。実際、ビジネススクールでは教えようとさえしていない。判断力や人格が、どのように形成されるかはわからないからだ。

興味深いことに、判断力や人格に問題があるために出世コースを外れた（または昇進が頭打ちになった）エグゼクティブは多いが、実務能力がないという理由で、若いうちにキャリアを断たれた人の話は聞かない。皮肉なことに、リーダーシップにおいてもっとも重要なものは、容易には数値化できないのである。

②組織が競争力を維持するためには、組織の中に知的資本を生みだすしくみをつくらなければならない。組織の構造、構成、デザインを考えるときは、それがロザベス・モス・カンタ

ーの言う「4F」を満たしているかどうかに留意しよう。4Fとは、「焦点の明確さ（Focused）」、「柔軟性（Flexible）」、「反応の速さ（Fast）」、そして「友好性（Friendly）」である。我々は五つ目のFとして、ここに「楽しさ（Fun）」を加えたい。どんな構造であれ、もし人々が望むなら、たいていの組織は機能する。我々は組織の構造よりも、人々を動機づけ、敬意と思いやりと信頼の文化をつくるために、リーダーがすべきことに関心を持っている。

組織、とくに今日の組織では、知的資本（アイディア、革新、想像力、創造性など）が重要な役割を果たす。聡明なリーダーは、この点に気づいている。巨大企業ABBの会長パーシー・バーネビックは、「全社員の知力を解き放つこと」こそ、自身の最大の課題だと語った。ディズニーのマイケル・アイズナーは、自身が率いるアニメーション部門に言及し、「わが社の資産は、夜になると家に帰るのです」と述べている。

③固い決意がなければ、目標を達成することも、ビジョン（あるいは信念、もっというなら情熱）を実現することもできない。その重要性は、いくら強調してもしきれないほどだ。ハーマンミラーの元会長、マックス・デプリーは、「リーダーの最初の仕事は、現実を定義することだ」と言った。これは目的や方向性と言い換えてもいい。リーダーがいくら目的を

掲げようと、それがリーダーだけの目的で、全員の目的になっていないなら、その組織はいずれ苦境に陥る。目的の反対は、目指すべきものがないこと、あてどなくさまようことだ。しかし、どんな目的でもいいわけではない。人々を励まし、奮い立たせ、活気づけるのは、人々が共感し、意味を見出す目的だけである。

このことを皮肉たっぷりに描いたエピソードが、マンガ「ピーナッツ」に登場する。ルーシーは、いつものように自分を無視してピアノを弾いているシュローダーにこうたずねる。「愛って何か、知ってる?」。するとシュローダーはおもむろに背筋を伸ばし、厳《おごそ》かな声でこう答える。「愛。名詞。ひとりまたは複数の相手に抱く、深く強い、言葉では言いあらわせない感情」。そう言いおわると、腰を下ろして、ふたたびピアノを弾きはじめる。最後のコマには、遠くを見やりながら苦々しげにこうつぶやくルーシーの姿が描かれている。「言葉だけなら、彼って最高」。これは、ほとんどのミッションステートメントがたどる運命でもある。言葉だけなら、最高。

つまり目的とは、組織のメンバーにとって意味と関連性を持つものでなければならないのだ。そうでない目的に価値はない。シェイクスピアの戯曲『ヘンリー四世［第一部］』には、迷信深いウェールズのグレンダワーが、ホットスパーにこう豪語するシーンが出てくる。「俺は、地の底から霊を呼び出すことができる」。しかしグレンダワーの鼻をへし折るように、ホットスパーはこう言い返す。「ふん、そのようなことは私にだって、いや誰にだってできるわ。問題は、貴様の呼ぶ声に霊たちが応じるかどうかだ」

④信頼を生みだし、それを維持する能力こそ、リーダーシップの要《かなめ》である。どんなに壮大なビジョンを描こうと、組織のなかに信頼が育っていなければ何の意味もない。信頼は、あらゆるシステムをつなぐ社会的な接着剤だ。信頼は、得るのは難しいが失うのはたやすい。

先日、あるフォーチュン五〇〇企業のCEOから一通の手紙が届いた。「わが社には、労働組合のメンバーをはじめ、過去にしがみつく人間が何千人もいます。彼らは新しい未来を頑として受け入れようとしません」

しかし、この会社が抱えている真の問題は、CEOと経営陣が信頼されていないところにある。このCEOは古い指揮統制型の人間で、重要な利害関係者と信頼関係を築けてない。問題は労働組合ではなく、彼にある。皮肉なことに、このリーダーは業界では進取の気性に富んだ人物として知られている。しかし信頼がなければ、地の底から霊を呼び出すことはできないのだ。

一九九五年一一月一二日付のニューヨーク・タイムズ紙に、イスラエルのイツハク・ラビン首相の暗殺に関するトム・フリードマンの記事が載った。彼はラビンが成功した理由をこう説明している。「ラビン氏は、リーダーにとってもっとも重要な特質を備えていた。それは自分自身であることだ。彼は気さくで、とりつくろうところがなく、見たままの人物だった」

イスラエルの人々は、ラビンを信用できる人間と見なし、彼ならきっと正しいことをしてくれると考え、全幅の信頼を寄せた。この信頼がなければ、PLO（パレスチナ解放機構）との和平を進めるために必要だった、きわめてリスクの高い譲歩をラビンが選択することはできなかっただろう。

⑤真のリーダーには楽観性（ときには根拠のない楽観性）によって、他者を自分のビジョンに引き込む不思議な力がある。彼らはワインの注がれたグラスを見て、半分しか満たされていないと思うのではなく、あふれんばかりになっていると感じる。真のリーダーは、自分は世界を変えられる、少なくとも宇宙にかすかな影響を与えるくらいはできると信じている。我々の研究に参加してくれた模範的なリーダーたちは、みなそうだった。

真のリーダーは、誰もが希望の運び手だ。孔子はリーダーを「希望にあふれた商人」と呼んだ。ロナルド・レーガンも、フランクリン・D・ルーズベルト以降のすべての大統領と同様に、このリーダー像を体現していた。これを「肯定的幻想」と呼ぶ人もいるだろう。レーガンの希望にあふれた態度は、暗殺者の銃弾を受けたあとも変わらなかった。レーガン政権で六年にわたって世論調査官を務めたリチャード・ワースリンは、米国が不況のどん底にあった一九八二年、月二回の定例報告をするために大統領執務室を訪れた。彼がレーガンに伝えたのは悪いニュースだった。「支持率は三二％。就任二年目の大統領としては、歴代最低の数字です」。これを聞いたレーガンは、にっこり笑ってこう言ったという。「ああ、リチャード……心配しないでくれ。外に行って、また撃たれてくるよ」

⑥リーダーは成功につながる行動をとることが多い。この能力があるからこそ、ビジョンや目的を実現できるのだ。ビジョン、信頼、楽観性だけでは足りない。リーダーには、よい結果をもたらす具体的で積極的な手段――実行の手順を、人々にはっきりと示す義務がある。リーダーはことを起こす。契約を「まとめる」術を知っている。マッキントッシュの全盛期にスティーブ・ジョブズが言ったように、「本物のリーダーは商品を出荷する」。その任務を果たすまでは、決して休まない。

こうして見ていくと、リーダーシップに関する我々の仕事は、まだ終わっていないことに気づく。階段を降りていくうちに、我々の頭は新しい考えでいっぱいになった。我々のお気に入りの哲学者で、「ザ・グレートワン」の愛称で知られる元ホッケー選手ウェイン・グレッキーは、いみじくもこう言っている。「ショットを打たなければ、ゴールは永遠に決まらない」

これが、我々が第二版を送りだす理由である。

一九九六年八月　カリフォルニア州サンタモニカにて

ウォレン・ベニス
バート・ナナス

1 リーダーシップに関する「誤解」を解く

「困難な時代ですが、非凡な能力をそなえた人間が生きがいを感じるのもまた、このような時代です。大きな苦難が、偉大なリーダーを呼び覚ますのです」
——アビゲイル・アダムズ（トマス・ジェファーソンへの手紙／一七九〇年）

「リーダーシップ」と、誰もが言う。それは若者が攻撃し、老人が求めるもの、親が失い、警察が探すもの、専門家が要求し、芸術家が拒み、学者が手に入れようとするものである。あるいは哲学者が（権威と見なして）自由と融和させようとするもの、神学者が良心と矛盾しないことを証明しようとするもの、官僚があるふりをし、政治家があればと願うものでもある。いずれにせよ、それが以前よりも見られなくなったという点では、全員の意見が一致する。一六四八年にワイルドマン氏が言ったように、「リーダーシップは粉々に砕け散った」のだ。

その一方で、類いまれなリーダーシップを発揮し、時代の難題に立ち向かった偉大なリーダーも多い。

たとえばウィンストン・チャーチル、マハトマ・ガンジー、ゴルダ・メイア、フランクリン・D・ルーズベルトは、そのリーダーシップによって偉大な国を築き、トム・ワトソン、エドウィン・ランド、アルフレッド・P・スローンは、そのリーダーシップによって偉大な組織をつくりあげた。

世界は今、大きな課題と変化の波にさらされているが、それらに対処するためのすばらしいアイディアや、それを実行に移すべき人物はまだ現われていないように見える。この空白は、過去の暗黒時代と同様に、新しいリーダーが誕生する予兆なのかもしれない。

たとえすべてが停滞しているように見えても、リーダーシップの新しい概念は確実に育まれている。すぐれた男女が登場するたびに、我々は新しい刺激的なパワーが生まれつつあることを、実感せずにはいられないのだ。

実際、そのようなパワーが今ほど求められているときはない。ガバナンス（組織統治）は慢性的な危機状態にある。メンバーの期待に応えられない組織が増え、しかも、この現象は世界中に広がっている。もし一握りの経営トップだけでなく、工場から重役室、マクドナルドの店舗から法律事務所にいたるまで、ありとあらゆる職場のリーダーがリーダーシップを戦略的な視点から包括的に捉えたいと願うときがあるとすれば、それは今をおいてほかにない。

組織が成功するためには、リーダーシップが欠かせない。活力にあふれた強い組織をつくるためには、組織のあるべき未来を思い描き、そのビジョンに向かって組織を変革していけるリーダーが必要だ。このような考え方に基づいて書かれたのが本書である。

ゼネラルモーターズ（GM）、AT&T、シティコープ、IBM、チェースマンハッタン、ディズニー、イーストマンコダック、そしてGEは、組織を抜本的に改革することで、組織の活力を維持しようとした大企業の一例である。どんな組織でも、変化を率いるのはリーダーだ。本書のテーマである新しいリーダーは、人々の行動を促し、フォロワーをリーダーに変えるだけでなく、リーダーを変化の媒体にする。これを「変革的リーダーシップ」と言う。[*1] 本書では、この概念を随所で取り上げていく。

先に進む前に、まずはリーダーシップと、それを困難なものにしている現代の経営環境について、軽く触れておこう。

今こそ新たな理論を

時代とともに、リーダーシップと、それを発揮できる人物のイメージは大きく変わった。リーダーシップの要件は変わらなくても、リーダーシップの定義、機能、習得方法に対する人々の認識が変わったのだ。

リーダーシップに関する一般的な理論は、歴史や社会調査、そして何よりリーダー自身の思想をもとに構築されてきた。たとえばモーゼやペリクレス、ジュリアス・シーザー、イエス・キリスト、マルティン・ルター、ニッコロ・マキアヴェリ、ジェームズ・マディスン（第四代米国大統領）、最近ではガンジー、V・I・レーニン、ハリエット・タブマン（奴隷解放運動家）、ウィンストン・チャーチル、エレノア・ルーズベルト、シャルル・ド・ゴール、ディーン・アチソン（米国の政治家）、毛沢東、チェスター・バーナード（米国の経営学者）、マーチン・ルーサー・キングJr、ジョン・ガードナー（米国の政治家）、ヘンリー・キッシンジャーなどだ。生きた時代も性別も個性もさまざまだが、全員がリーダーであり、リーダーシップに関する率直な文章を残している。

しかしリーダーの昔話や回顧録を読んでも、わかることと言えば、これらの男女が丈夫で、人並み外れた働き者だということくらいだ。

リーダーが誰を、どのように率いるのかについては、少しずつ明らかになってはきているものの、ここまで来るのにも大変な努力を要した。リーダーシップ研究の歴史は数十年に及ぶが、その間に登場したリーダーシップの定義は八五〇を超える。この七五年だけでも、リーダーの実証的調査は何千回も実施されているが、「リーダーとリーダーでない者の違い」はおろか、おそらくはもっと重要な「有能なリーダーと無能なリーダーの違い」や「結果を出す組織と出さない組織の違い」についても、依然として何もわかっていない。

これほど多くの研究者が取り組みながら、これほど成果の出ていないテーマもないだろう。リーダーシップの解釈は多岐にわたり、それぞれが鋭い洞察を含んでいるが、説明としては不完全で、とうてい満足できるものではない。これらの定義の大部分は互いに矛盾しており、その多くは分析対象となったリーダーの目から見ても的外れだ。時代の流行や風潮、政治や学術研究の潮流は反映していても、必ずしも現実を映し出しているとは言えず、なかにはまったく意味をなさないものもある。ブラックはかつて「芸術で唯一大切なことは、説明不能な部分にある」と言ったが、それはリーダーシップにもあてはまる。

リーダーシップのスキルは、かつては生来のものと考えられていた。リーダーはリーダーになるのではなく、生まれつきリーダーであり、何らかの精妙なプロセスを経て、その天職につくというわけだ。リーダーシップの「偉人説」である。

この理論は、パワーは一握りの人間だけに備わっているもので、ある人がリーダーかどうかは、天与の資質と運命によって決まると見なす。リーダーに生まれついた者のみが人を率いることができ、それ以外の者はついていくほかない。自分がリーダーかどうかは、生まれたときにすでに決まっている。どんなに努力しても、求めても、その運命は変えられない。

しかし、このような見方ではリーダーシップは説明できないことがわかると、ごく普通の人が何らかの大きな出来事を機にリーダーになる、という考え方が登場した。この説でいけば、レーニンは革命が勃発したとき、ちょうどそのあたりを「うろついていた」だけであり、ワシントンは植民地が独立を求めたとき、そこに「いあわせた」にすぎない。だが状況と群集がそろったときにリーダーが生まれるという「ビッグバン説」は、偉人説と同様に納得できる定義ではなかった。

愛と同じように、リーダーシップも誰もが存在は知っていながら、定義しえないものとなってきた。ほかにも多くのリーダーシップ理論が現われては消えていった。リーダーに注目するものもあれば、状況に注目するものもあったが、時の試練に耐えられたものはひとつもない。

このような過去を知れば、リーダーシップの研究や理論がなぜ、組織論の「ラ・ブレア・タールピット」と呼ばれるほど、実りの少ないものだったかわかるだろう。ラ・ブレア・タールピットはロサンゼルスにある天然アスファルトのわきだす池で、その底には先史時代以来、池の様子を見に来てそのまま抜け出せなくなった動物たちの遺骸が、累々と横たわっている。

しかし今、我々は偉人説にもビッグバン説にもとらわれることなく、現代のリーダーを考察し、パワーの本質に思いをめぐらす新たな機会を手にしている。

昨今はパワーの不在が目立つ。目の前の危機に対する無力。複雑化する世界に対する無力。

思考や行動の矛盾や対立が表面化し、大混乱の足音がひたひたと迫っているにもかかわらず、パワーは依然として遮断されている。現代の組織は硬直し、怠惰で、移り気だ。リーダーであるはずの者も、無知で無関心で無神経、そのうえ反応が鈍いように見える。何よりも悪いのは、対応策がおざなりだったり、そもそもまったくの無策だったりすることだ。

リーダーシップに欠かせない三要素

何が経営の混乱を招いたのかを知るためには、現代のリーダーを取り巻く環境を分析する必要がある。ポイントは三つある――コミットメント（積極的関与、参加意欲）、複雑化、そして信頼性だ。

コミットメント（Commitment）

パブリック・アジェンダ・フォーラム[*2]が、一九八〇年代初頭に米国の非管理職を対象に実施した大がかりな調査では、次のような憂慮すべき結果が得られた。

- 有職者のうち、全力で仕事に取り組んでいると答えた者は、四人に一人にも満たなかった。

●二人に一人は、解雇されない程度に力を抜いて仕事をしていると答えた。
●圧倒的多数の人（七五％）は、やろうと思えば仕事の効率を飛躍的に高められると答えた。
●一〇人中六人近くの有職者が、「以前ほど熱心に働いていない」と答えた。

従業員が全力で仕事をしていない以上、人件費が安く、勤勉な労働者を持つ日本や東南アジアの企業に勝てるはずはない。しかし米国企業のリーダーたちは、従業員を鼓舞し、元気づける代わりに、次々と「ダウンサイズ」を敢行し、何万人もの従業員を解雇した。その結果、数百万人の労働者がレイオフされ、その多くは力を十分に発揮できないパートタイムや将来性のない仕事についた。

一方、レイオフを免れた労働者の半数近くは、これとは逆の問題に直面した。仕事量、労働時間、そしてストレスの増加だ。仕事を失いたくない一心で、一部の労働者は以前よりも熱心に働くようになったが、雇用主への忠誠や仕事に対する意欲は、さらに低下しているように見える。労働者は自分を無力だと感じている。雇用主が従業員を消耗品扱いしているかぎり、彼らが仕事に全力で取り組み、自分の限界に挑もうとすることはまずない。

職業倫理の低下も問題視されている。科学者や技術者の育成が足りないと文句を言う人も多い。だが本当の問題は「コミットメントの欠如」にある。現代のリーダーは、フォロワーにビジョンや意味、信頼の感覚を浸透させることができない。権限の委譲にも失敗した。大企業であれ、官公庁や公的機関、あるいは中小企業であれ、組織が人材を活用できるかどうかは、リーダーシップにかかっているのだ。

複雑化（Complexity）

社会は急速に変化している。組織が抱えている問題も、複雑さを増す一方だ。予想外の展開、分裂、対立、二重性、葛藤、逆説、混乱、矛盾、不一致、紛糾などが多すぎて、目の前の状況をどう理解し、どう対処すればいいのか、組織自身にもわからなくなっている。新聞を開けば、複雑な出来事が毎日のように紙面をにぎわせている。その例として、一九九六年半ばのある五日間に、ウォールストリート・ジャーナル紙に掲載されていた事柄を紹介しよう。

- GEキャピタルが生命保険会社のファーストコロニーを一一〇億ドルで買収した。これ以外にも七件の大型買収（買収額一〇億ドル以上）と多数の小規模な買収が発表された。
- 水星に生命体が存在したことを示す強力な証拠が発見された。この画期的な発見により、宇宙開発が拡大される可能性が大いに高まった。
- 中国で金融危機が発生し、銀行融資の少なくとも三分の一が焦げついた。世界銀行は、中国の銀行業界は「厳密に言えば破産状態にある」と述べた。

●ハイテク労働者の採用熱が高まり、バスケットボールのスター選手の獲得競争をほうふつとさせる採用戦争が始まった。一方、複数の都市で公的事業の一部が給与水準のはるかに低い民間企業にアウトソースされ、公務員の四〇％が実入りのいい仕事を失った。

●過去一年半に米国のバイオテクノロジー企業に流入した新規大型投資の五八％は、欧州の医薬品企業によるものだった。

●米エネルギー省は、ワシントンとサウスカロライナにある核廃棄処理施設の清浄契約に一一〇億ドルを投じた。一方、ＥＰＡ（米環境保護庁）は船外機の排気基準を定めた。

●アメリカオンラインは、契約者がわずか二年で六倍になり、六〇〇〇万人を超えたと発表した。一方、マイクロソフトとベリフォンはインターネット小売ソフトの分野で提携し、３Ｍは情報・画像処理分野で、年間売上二二億五〇〇〇万ドルを誇る新企業、イメーションを設立した。

●米下院が強硬な反テロ法案を可決した。

●マレーシアはハイテク企業を誘致するために、約二億三五〇〇万坪の土地に先進的なＩＴインフラを整備し、税制優遇などのインセンティブを用意した。

●韓国の大宇グループは、米国の自動車市場に参入し、二〇〇〇年までに少なくとも一〇万台を販売する計画を明らかにした。

新聞は毎日のように、こうした憂慮すべき出来事を伝えている。これらの変化は、社会や組織の運営方法にも深刻な影響を及ぼしている。変化は双方向的で、連続性はなく、ますます加速している。従来の情報源や経営手法は、以前ほど効果がなくなったか、まったく役に立たなくなってしまった。直線的な情報や思考、漸進的な戦略では、今日の激動する経営環境には対応できない。既知のものから推測しても、新しい未知のものは認識できないからだ。一時しのぎの対応では、何も解決できない。

R・チウによれば、今日の世界、とりわけ現代の経営環境は「中国式野球」に似ているという。中国式野球のルールは米国の野球とほとんど変わらないが、一点だけ大きな違いがある。それはピッチャーがボールを投げたら、野手は何でも好きなことができるというものだ。すべての塁を一カ所に集めてもいいし、二塁と三塁を三〇メートル離してもいい。打力のない選手が打席に立ったときは、すべての野手を内野に集めてもいいし、強打者なら全員をフェンス際まで下げてもいい。相手が足の遅い選手なら、一塁を外野まで持っていってもかまわない。まさに何でもありだ。

今日の世界も、これと同じである。今後、事態が単純化していく見込みはない。そのような期待は、カウボーイ映画か懐古趣味の持ち主にまかせておくことだ。この点について、アルフレッド・ノース・ホワイトヘッドは賢明にもこう言っている。「単純なことを探せ、そしてそれを疑え」

問題は、単純なことを探すだけで、それを疑うのを忘れてしまう人が多すぎることだ。「未来はどんどん複雑になっていく。それは確かだ」。これは作家E・B・ホワイトが七五年近く前に書いた短編小説の登場人物のセリフである。続くセリフは、現代の状況を見事に言い当てている。「世界がどれだけ複雑になりうるか、考えたことがあるかい？　すべてのものが、別のものとつながっているんだ」

ものごとが複雑になるにつれて、一部の社会ではあいまいさに対する許容度が狭まり、組織は「信頼性の欠如」という問題を抱えるようになった。

信頼性（Credibility）

今や信頼性は稀少な資質であり、現代のリーダーは五〇年前には考えられなかったほど厳しい目にさらされている。

第二次世界大戦以降、公共セクターは活動を活発化し、発言力を増している。福祉や社会サービス、医療、教育、環境などに対する関心が高まるにつれて、権利擁護団体や政府の規制、消費者団体、組合などが次々と生まれ、マスコミをにぎわせるようになった。権威は常に批判と反論にさらされており、権力を持つ者は地雷を踏むまいと、野良猫のように慎重に行動している。

組織とそのリーダーたちは、組織の内部だけでなく、外部の力からもさまざまな影響を受けている。よほどの聖人君子でなければ、現代の公共セクターの「検問」を通過することはできない。どんなに有望で重要で建設的なアイディアも、情報公開と批判のえじきとなる。広報は、今やビジネスそのものよりも大きなビジネスとなり、リーダーは頑固で気まぐれな人々を何とか説得し、その支持を取りつけようと四苦八苦している。

情報時代が到来すると、人々の意識はさらに高まり、企業の経営環境はメディアの監視下に置かれるようになった。経営者にとって、マスコミは基本的に足を引っ張る存在だが、それは避けがたいことでもある。リーダーの責任を引き受けるということは、プライバシーを手放すことでもあるからだ。

大きな分子にはより多くの原子が含まれるように、リーダーは多くの関係者と注目を引き寄せる。ここで厄介な逆説が生じる。それは、「大勢の人を巻き込みつつ、行動の自由もある程度確保するにはどうすればいいか」というものだ（この種の複雑性については後述する）。

現代の社会には、常に深刻な不安感がただよっている。この感覚は、信じている宗教や経済力、地位、能力の差を問わず、すべての人が体験しているものだ。

数年前、我々は「誰でもいいから弾劾せよ」と書かれたバンパーステッカーを見かけた。この言葉は当時の状況をよく表していた。前回の大統領選挙では、「投票するな。連中を勇気づけるだけだ」というステッカーが登場した。これは不安にかられている多くの米国人に共通して見られる態度であり、すぐれたリーダーがあまりにも少ないために、フォロワーがすっかり意欲を失っている事実を示している。つまり、だめになってしまったのはリーダーとフォロワーの関係なのだ。

狂気じみた時代を生き抜くために

人々の間には無関心が広がり、変化はいっそう激しさを増している。先は見えず、リーダーたちは四方八方に回転するローラーの上で、何とかバランスをとろうとしているかのようだ。

変化の荒波にもまれているうちに、人々は活力を失ってしまった。しかし人々が不安にさいなまれ、忠誠心を忘れてしまったかのように見えるのは、彼らが無感覚な人間になったからではない。むしろ、我々は歴史の大きな転換点――カール・ヤスパースが言うところの「枢軸点」にさしかかっているのだ。それは、新しい崇高なビジョンが求められ、ものごとの定義が根本から見直され、既存の価値基準が再検討される時代である。我々が求めているのは、所得の額だけではかれない生活、ガソリンの消費量だけでは評価できない社会、そしてＧＮＰという魅力的だが誤解を招く価値基準からの解放だ。

今が困難とストレスと恐怖に満ちた時代であることは間違いない。しかしそれは同時に、興味をそそる重大な変化の時代でもある。『星の王子さま』のなかでキツネが王子に言ったように、「目に映るものが真実とはかぎらない」。新しいパラダイムが生まれようとしているのだ。

この狂気じみた時代を生き抜くためには、リーダーにもフォロワーにも等しく、高い意識と柔軟性が求められる。我々のより大きな目標である平和と繁栄は、活発なコミュニケーションと信念体系の拡大なしには実現しえない。ならば衰退しつつある体制の要求ではなく、急成長している新事業の成功に目を向けよう。そのような新潮流こそ、社会の未来を、そして個人の未来を形づくるために、すべての人が注目すべきものなのだから。

ジョン・ネイスビッツはベストセラー *Megatrends*（『メガトレンド』三笠書房）のなかで、こうした新しいパラダイムを分析し、現在進行中の変化を一〇個挙げた。*3 彼が注目した変化は次のとおりだ。

工業社会	情報社会
押しつけられた技術	ハイテク／ハイタッチ
国家経済	世界経済
短期的	長期的
集中	分散
公的援助	自助独立
代議制民主主義	参加型民主主義
階層型	ネットワーク型
北部	南部
二者択一	多種選択

これらの変化は、これまでにもさまざまな形で研究の対象となってきた。すでに「古典」の域に達しているものとしては、マグレガーの「Y理論」[*4]、タウンゼンドの *Up the Organization*（『こんなトップは辞表を出せ』ダイヤモンド社）[*5]、スレーターの「ニュー・カルチャー」[*6]、ソークの「B時代」[*7]などがあり、新しいところでは、プリゴジンの「散逸構造」[*8]、ピーターズの *Thriving on Chaos*（『経営革命』阪急コミュニケーションズ）[*9]、ドラッカーの *The New Realities*（『新しい現実』

ダイヤモンド社)[*10]、ハンディの *The Age of Paradox*(『パラドックスの時代』ジャパンタイムズ)[*11]などがある。

しかしひとつだけ、どの研究者も触れてこなかったものがある。これまで完全に無視されてきたもの——それは「パワー」だ。つまり、意図を実現するための行動を起こし、それを維持する基本的エネルギーである。これがなければ、どんなリーダーもメンバーを率いることはできない。ちょうど自由市場の限界や制約を認識できなかった経済学者たちが大局を見失ったように、組織の研究者たちもリーダーシップの核心を避けてきた。単刀直入に言えば、組織に関する現在のパラダイムは、それが「ニューエイジ」に属するものであれ、伝統につらなるものであれ、ほぼすべて「パワー」というものを見落としているのだ。[※]

バートランド・ラッセルはかつて、「物理学の基本概念がエネルギーだとすれば、社会科学の基本概念はパワーである」と言った。これを見落とし、木を見て森を見ずの態度をとったために、人的交流の回路は〝ショート〟してしまった。つまり米国は今、深刻なパワー不足に陥っているのだ。

皮肉なことに、パワーは宇宙でもっともありふれたエネルギーのひとつでもある。人はみな生まれてから死ぬまで、押したり押されたりしながら生きていく。この力は、目に見えるにせよ見えないにせよ、あらゆる人的交流（家族、セックス、仕事、国内外の交流など）の背後で働いている。

しかし、この基本的な社会的エネルギーは、数千年の歴史のなかで原形をとどめないほど脚色されて、いくつもの意味を含むようになった。たとえば強欲、冷血、残虐、腐敗――こうした言外の意味が、パワーが無視され、崩壊する事態を招いたのである。別の言い方をすれば、パワーは人類の進歩にとって、もっとも必要なものであると同時に、もっとも不信感を抱かれてきたものでもあるのだ。

こうした多義性を理解するためには、パワーがいかに誤用されてきたかを見ればよい。リーダーたちはこれまで、組織をまとめるよりも管理することに力を入れ、自由な発言よりも服従を求め、フォロワーの成長を後押しするよりも、むしろそれを阻んできた。

我々は前進しているが、我々の新しいビジョンには、パワーはまだ組み込まれていない。衝突（恋人や友人との衝突、あるいは犯罪や不正行為、メディアや政府を介した衝突）を恐れる気持ちが、理想の未来への足取りを重くし、ときには妨害してきたのである。家の土台に巣く

※特筆すべき例外は、ロザベス・モス・カンターの *The Change Masters*（『ザ チェンジ マスターズ』二見書房）である。[*12] この重要な著作はパワーを正面から見事に描いている。

っているシロアリがいなくなったら、家が倒れてしまうのではないかと心配して、駆除業者を呼ぶのをためらう人がいるように、進歩は常に衝突の上に築かれるというパラドックスが、進歩の最大の弱点なのだ。

我々は、パワーの真の姿を学ばなければならない。基本的に、パワーとリーダーシップは互恵関係にある。我々がパワーをどう理解しているかを伝えるには、実例を挙げるのが一番だろう。

まず頭に浮かぶのは、クライスラーのリー・アイアコッカだ。彼は破産寸前だった同社をリーダーシップによって建て直した。彼はまず成功のビジョンをつくり、このビジョンに従って中心的な社員を再配置した。ほとんど彼のリーダーシップのみによって、クライスラーは一九八三年に黒字に転じた。従業員の士気はあがり、自分の仕事にやりがいを感じるようになった。

彼は従業員に力を与えたのである。それは一時的な変化ではなかった。一九九五年、クライスラーの年間売上高は二〇億ドル、利益率は米国の三大自動車会社のうち最高を記録し、世界でもっともコストの低い自動車メーカーとなった。

アイアコッカは今日のマネジメント（とほとんどのマネジメント理論）に欠けているものを身をもって示した、と言ってもいい。クライスラーの成功は、何よりも彼のリーダーシップの賜《たまもの》だった。パワーとリーダーシップに対する我々の考えは、このアイアコッカ現象によく表れている。パワーとは、行動を起こし、それを維持するための基本的エネルギーだ。あるいは意図を実現し、それを持続させる能力と言ってもいい。リーダーシップとは、このパワーを有益な方法で使うことである。これを「変革的リーダーシップ」と言う。※

このように、すぐれたリーダーは組織を現在から未来へとみちびく。未来のビジョンを描き、従業員が変化に前向きに取り組めるようにする。新しい文化と戦略を取り入れ、組織がエネルギーと資源を最大限に活用できるようにする。このようなリーダーは、「生まれる」のではない。組織が行き当たりばったりの進化では解決できない新しい問題や複雑さに直面したとき、その姿を現すのだ。

彼らは環境の変化に対応するために、組織の慣行を改革する責任を負う。組織変革の指揮をとり、信頼を築き、従業員が主体的に新しいやり方を模索できるようにする。新たな組織慣行に対する信頼と自信を呼び起こすようなビジョンをつくり、変化に対する抵抗を乗り越える。一〇年あるいは二〇年後には、我々が今、そして本書全体で論じているようなリーダーがあちこちの組織で活躍し、予測のつかない変化や混乱に対処するようになっているだろう。

※この部分をはじめ、本書の内容はジェームズ・マクレガー・バーンズの偉業に多くを負っている。[*13] 我々の研究に対する彼の貢献をここに改めて記しておきたい。

未来は確かに不安と動揺に満ちているが、ビジョンを欠いているわけではない。ビジョンはリーダーの必需品であり、パワーはリーダーの通貨だ。我々は今、歴史上重要な時期に来ている。個人としても、あるいは国家としても、一〇年前、五年前、あるいは一年前にさえ戻ることはできない。

未来はもう始まっており、バトンは我々に渡されているのだ。

2 「人を率いること」と「自分を律すること」について

パラダイムが抜本的に変わるときは、「その間に何をすべきか」、「準備をどう整えるか」、「リーダーと教育者の役割は何か」といった問いに答えられなければならない。どれも難問だが、取り組む価値は大いにある。

変化の時代を理解し、そのよき一員となるために、我々はリーダーシップというテーマに着目した。リーダーシップこそ、進歩を成し遂げ、組織を発展、存続させるための鍵だと思うからだ。そこで、成功している企業経営者（社長、会長など）六〇人と、公共セクターの卓越したリーダー三〇人の計九〇人にインタビューを行った。

社会科学の世界では、リーダーシップはもっともよく研究されていながら、もっとも解明されていない分野でもあるため、インタビュー内容は一から考えた。リーダーシップに関する本のなかには、講釈は立派でも、実際には何の役にも立たないものが多い。リーダーシップは雪男のようなもので、足跡はいたるところにあるが、その姿を見た人は誰もいない。今回の調査では、すでに山ほどあるリーダーシップの定義に新たなひとつを加えて混乱を深めるよりも、独自の有益な枠組みを提供しようと考えた。それは「現在」という視点だ。

すでに言い尽くされていることだが、それでも言っておきたいことがある。「すぐれた組織なしに現在の問題は解決できないし、すぐれたリーダーシップなしに組織は成功できない」資金が足りないなら融資を受ければいい。立地が悪いなら移転すればいい。だがリーダーシップのない企業が生き残れるチャンスはほとんどない。有能な事務員がいれば、市場の片隅で細々と営業を続けることはできるかもしれない。しかし組織が「訓練された無能力」を乗り越え、変化する状況に対応していくためには、どうしてもリーダーが必要だ。リーダーシップは組織にビジョンと、それを実現するための能力を与える。この実現というプロセス、リーダーとフォロワーの交流なしに、生き生きとした組織は生まれない。

今回の調査で対象としたのは、混乱をものともせずに、高い成果をあげたリーダーたちだ。彼らは現状に屈服し、状況に翻弄されているだけの受け身の人々とはまったく違う。

組織、とくに破綻しかかっている組織の多くは、行きすぎた管理とリーダーシップの欠如という問題を抱えている（図1参照）。日常の業務はそつなくこなせても、そもそもその業務は本当に必要なのかを問い直すことはない。

マネジメントとリーダーシップはどちらも重要だが、両者には根本的な違いがある。「マネージする」とは、「何かを引き起こし、成し遂げ、義務や責任を引き受け、実行すること」だ。それに対して「リードする」とは、「人を感化し、方向や進路、行動、意見などをみちびくこ

図1◉ユナイテッドテクノロジーズがウォール・ストリート・ジャーナル紙に載せたメッセージ

管理はやめよう

管理されたい人などいない。
人は、率いてほしいのだ。
世界的マネジャーなど、
聞いたことがない。
世界的リーダー、
ならある。
教育のリーダー。
政治のリーダー。
宗教のリーダー。
ボーイスカウトのリーダー。
地域社会のリーダー。
労働者のリーダー。
企業のリーダー。
彼らは、率いる。
管理するのではない。
勝つのはムチではなく、
常にニンジンだ。
馬に聞いてみるといい。
馬を連れて
水辺まで行くことはできるが、
馬にむりやり
水を飲ませることはできない。
誰かを管理したいなら、
自分を管理することだ。
それがうまくできたら、
もう人を管理したいなどと
思うことはないだろう。
そして、
率いることを始めるだろう。

と」である。この違いは決定的だ。マネジャーはものごとを正しく行い、リーダーは正しいことをする。これはビジョンと判断に基づく行動（効果）と、実務能力に基づく行動（効率）の差と言ってもいい。

実際、インタビューに応じてくれたリーダーたちがそろって口にし、体現していたリーダーシップの本質は、彼らの自己認識と一致していた。彼らは自分をマネジャーではなく、リーダーと見なしていた。組織の基本的な目的と全体的な方向性に関心を持っていた。彼らは「ビジョン志向」であり、「ハウツー」（いわゆる実践のノウハウ）よりも、行動のパラダイム、つまり「正しいことをする」ことに時間を費やしていた。

今回の調査では、新しい潮流をつくるというリーダーの役割にも注目した。我々がインタビューしたリーダーのなかに「漸進主義者」はひとりもいない。全員が新しい考え、新しい方針、新しいやり方を生みだし、組織を根本から改革していた。彼らは単に仕事をこなしているのではない。カミュの言葉を借りるなら、「危険を冒して創造している（create dangerously）」のだ。

我々が用いた「方法論」（この言葉が適切かどうかはわからないが）は、インタビューと観察を組み合せるというものだった。多くの魅力的な（そして何かに魅了されている）人々がそうであるように、九〇人のリーダーたちも、答えと同時にたくさんの疑問を持っていた。

「インタビュー」は真理を探る対話となり、「被験者」であるはずの彼らは、我々の共同研究者となった。ほとんどのケースでは三、四時間をかけて、リーダーシップを話し合った。一〇のケースでは、組織文化を理解するためにリーダーと五日間を共にした（うち二つのケースでは、文字通り生活を共にし、一緒に出勤したり、リーダーの「家族」や部下、ほかの役員たちと交流したりした）。

インタビューの形式に決まりはなかった。対話はくだけた雰囲気のなかで進み、話題はあちこちに飛んだが、我々が会話をリードしたり、テーマを指定したりすることはほとんどなかった。

話は採掘業者が油田を掘りあてるような調子で進んだ。ここだという場所が見つかるまであちこちを探り、調査と採掘を繰り返す。ひとたび油田が見つかったら、涸れるまで掘り尽くす。そして別の場所に移る。話題は相手によって違ったが、三つだけ全員に投げかけた質問がある。それは、「あなたの長所と短所は何ですか」、「あなたの経営哲学や経営スタイルに影響を与えた経験や出来事はありますか」（全員があると答えた）、「あなたのキャリアのなかで最大の決断は何でしたか。当時の選択について、今どう思っていますか」だ。

議論はこれらの質問を軸に展開し、リーダーの口からは次々と含蓄のある言葉、臨場感と生気にあふれた言葉が出てきた。それ以外に、彼らの答えをどう表現していいのかわからない。

インタビューに答えてくれたのは次のような方々である。※ウィリアム・キーシュニック（アルコCEO）、レイ・クロック（マクドナルド創業者）、フランクリン・マーフィ（タイムズミラー会長）、ドナルド・サイバート（JCペニー会長）、ジョン・H・ジョンソン（「エボニー」発行人）、ドナルド・ギバーツ（フットヒルグループ会長）、ジェームズ・ラウズ（ラウズカンパニー会長）。

公共セクターからは、さらに多彩な顔ぶれが参加した。大学の総長、主要な政府機関の長（前証券取引委員会委員長のハロルド・ウィリアムズ）、大学スポーツチームのコーチ（南カリフォルニア大学のジョン・ロビンソンとデポール大学のレイ・メイヤー）、オーケストラの指揮者、そしてアーバンリーグの前会長ヴァーノン・ジョーダンのような公益活動の指導者たち。さらにはシンシナティの前市長、E・ロバート・ターナー、フィラデルフィア動物園長のウィリアム・ドナルドソン、そして月面に降り立った最初の人類であり、アメリカの英雄像を体現する人物、ニール・アームストロング。

この調査は、こうした個性豊かな集団のなかから、何らかの共通点を見出そうとする試みだった。六〇人の企業経営者のうち、約半数はフォーチュン二〇〇企業のCEO、残りは中小企業のCEOだった。企業経営者グループの平均年齢は五六歳、平均年収は四〇万ドル（「役員特典」を除く）、現在の会社に入ってからの平均年数は二二・五年、CEOになってからの平均年数は八・五年だ。ほぼ全員が白人男性だったが、これは実業界にはびこっていた性差別と人種差別の名残である。[※※]ほぼ全員が大学の学位を持ち、大学院レベルの学位を持つ者は二五％、ビジネス関連の学位を持つ者は約四〇％だった。ここからも、経営者として成功するためには必ずしもビジネス関連の学位は必要ないことがわかるだろう。

要約すれば、ある一点を除いて、企業経営者グループには人口統計学的に見て意外なところはまったくなかった。全体として言えば、彼らは米国の企業経営者のプロフィールとほぼ完全に一致していたのである。[*1]唯一の違いは、ほぼ全員が最初の結婚を続けていたことだ。彼らは仕事だけでなく、結婚生活にも倦《う》まずたゆまず取り組んでいたのである。

それ以外の点では、彼らの成功に明白なパターンはないように思われた。右脳的な人もいれば左脳的な人もいる。背の高い人、低い人、太った人、やせた人、雄弁な人、口べたな人、積極的な人、控えめな人、見栄えのいい人、悪い人、協調的な人、独裁的な人――テーマはひとつでも、その表れ方は無数にある。経営スタイルもまったく違う（「参加型ファシズム」の根

※ここに記した肩書きと所属はすべてインタビュー当時のものであり、現在は別の組織に属している人や、引退した人もいる。
※※企業経営者グループには六人の女性と六人の黒人男性も含まれていたが、彼らは少数派である（理由は本文に記したとおりだ）。今回の調査でも、女性や黒人の被験者を見つけるのには非常に苦労した。

っからの支持者だという人もいた)。我々のような、パターンや隠れたテーマに関心を持っている人間にはとほうもなく扱いにくい集団だったが、彼らは「多様な機会」というきわめて米国的なものの生き証人でもあった。

すぐれたリーダーの「四つの戦略」

リーダーシップを理論的に解き明かすために、我々はこの雑多な集団をあらゆる角度から眺め、何らかの共通点を見出そうと努めた。結局、この作業は二年を要した。ワインを静かに注ぐように、あるいは砂から金を選り分けるように、インタビューを聞き返し、メモを読み返して、大量のデータのなかから有用な情報をすくい出そうと試みる、それは根気のいる(そして単調な)作業だった。丹念にデータをさらいながら、我々はリーダーシップの真実——リーダーシップ行動の核心と言ってもいい——に迫っていった。

その結果、九〇人のリーダー全員が体現している四つの大きなテーマ、四種類の能力、四種類の対人スキルが少しずつ見えてきた。異論もあるだろうが、少なくとも我々の目に映ったのは次の四つの戦略である。

●戦略Ⅰ：人を引きつけるビジョンを描く
●戦略Ⅱ：あらゆる方法で「意味」を伝える
●戦略Ⅲ：「ポジショニング」で信頼を勝ち取る
●戦略Ⅳ：自己を創造的に活かす

こうして見ると、リーダーシップとは大多数の人が持っていながら、ほとんど使われていないスキルを総動員することだと言えそうだ。その方法は誰でも学ぶことができるし、誰にでも教えることができる。リーダーシップを発揮する道は、すべての人に開かれているのだ。

国家を率いる人はわずかでも、企業を率いる人は大勢いる。社内の部署や小さなグループを率いる人なら、もっと多い。部署の長でないなら、管理者として働く機会があるだろう。工場の組立ラインで働いているなら、組合のリーダーになるかもしれない。

その他の複雑なスキルと同様に、リーダーシップのスキルも最初からすぐに使いこなせる人がいる。しかし我々の考えでは、この四つの「マネジメント力」は、すべての人が学び、育て、磨いていけるものだ。そしてこれらの能力は、すばらしいワインに似て、それよりもはるかに大きなもの――平和、創造力、そしておそらくは自由そのもの――のエッセンスなのである。

戦略Ⅰ　人を引きつけるビジョンを描く

夢の見方は人それぞれだ。
夜の帳《とばり》が降りたころ、心の奥の暗がりで夢を見る者は、
目覚めたとき、その虚《むな》しさを知る。
だが、白昼に夢を見る者は危険だ。
目覚めたあとも、その夢を実現しようと
夢のとおりに行動してしまうから。

――T・E・ロレンス

「人を引きつけるビジョンを描く」とは、すなわち焦点をつくりだすことだ。我々がインタビューした九〇人のリーダーたちはみな、成果に並外れた関心を寄せていた。リーダーは、この世でもっとも結果志向の人間であり、常に結果に注目している。彼らのビジョンや意思は魅力的で、周囲の人間を引きつけてやまない。強い意思が献身的な努力と組み合わさったとき、それは人を引きつける磁石と化す。

何かに真剣に取り組んでいる人は、注意を払うよう人々に強いる必要はない。彼らは自分のしていることに熱中しているので、夢中で砂の城をつくっている子どものように、何もしなくても周囲の人間を引き込んでしまう。

ビジョンは心をとらえる。それはまずリーダーの心をとらえ、次に周囲の支持を勝ち取る。我々は以前、シカゴ郊外のエルクグローブにある「ハンバーガー大学」に、マクドナルドの創業者レイ・クロックを訪ねたことがある。ここは同社の研修施設で、コースを修了した従業員には「ハンバーガー学士号（フライドポテト学副専攻）」が授与される。クロックはここで、マクドナルドのビジョンがひらめいたときのいきさつを我々に語ってくれた。

当時、すでに紙コップの販売で大成功を収めていた彼は、新たな事業としてミルクシェイク用ミキサーに目をつけた。ミルクシェイクのチェーン店を経営していたマクドナルド兄弟に会ったのは、このときだ。カップとシェイクが出会い、現在のマクドナルドにつながるアイディアが生まれた。

どうしたら、そのようなひらめきを得られるのかとたずねると、彼はこう答えた。「正直、私にもわかりません。でも神の啓示のようなものでないことは確かです。経験と直感と夢とがうまく合わさって、化学反応のようなものが起きるのかもしれません。いずれにしても、私はそのとき決意したのです。会社をつくって、このアイディアにすべてをかけようと」

もうひとつ、ヒューストン交響楽団の著名な指揮者、セルジュ・コミッショナのケースを紹介しよう。彼は長い間、インタビューを受けるのを拒んでいた（これ自体が珍しいことだ）。手紙を出しても返事はなく、電話をかけても出ない。そうして数カ月がすぎたころ、我々はようやく二人の楽団員に会うことができた。コミッショナはどんな人物かとたずねると、彼らは口をそろえてこう言った。「すごい人ですよ」。その理由を聞くと、二人はしばらく言いよどんだのち、こう答えた。「彼は、僕らの時間を無駄にしないんです」

この答えは、初めはそれほど重要なものとは思われなかった。だがコミッショナが実際に指揮をしているところや音楽学校で教えている様子を見て、言葉の真意が我々にもようやくわかってきた。

たとえば、コミッショナは自分が求めている音をさまざまな方法で演奏者にはっきりと伝えていた。いつどこでどういう音が欲しいのかを彼は正確に知っており、その指示がぶれることはなかった。自分が何を求めているのかがわかっていなければ、これほど結果にこだわり、そこから注意をそらさずにいることはできない(これを強迫観念と呼ぶ人もいる)。そしてそれはビジョンから、あるいはある楽団員の言葉を借りるなら、「マエストロの意思の織物」からしか生まれないのだ。

我々がインタビューしたリーダーを含め、何かのアイディアに夢中になっている人はみな、強力な〝フィラメント〟を持っている。それは「正しい」音に対するコミッショナの情熱のようなもので、ビジョンにかかわる部分では強烈な光を放つが、それ以外の部分では何も起こらない。だが、その一瞬の輝きが人を引きつけるのだ。そして他者の関心を引きつけることこそ、ひとりでは達成できないビジョンを実現したり、そのためのチームをつくったりするための第一歩なのである。

ある女優は、我々がインタビューをしたあるリーダー（監督）についてこう語った。「彼を見ていると、遊んでいる子どもを思い出すんです……意見のはっきりした方でね……子どものように、『これが欲しい。あれが欲しい』とおっしゃる。まるで『僕だけのお城』をねだる子どものように、自分が欲しいものを説明し、それを手に入れてしまうんです」（これは作曲家アントン・ブルックナーのエピソードを思い起こさせる。ブルックナーは婚約者にこう言ったという。「でも君、どうしたら結婚する時間を見つけられると言うんだ。私は今、第四交響曲にとりかかっているんだよ」）。

これらのリーダーは、リーダーシップのスタイルは違っても、ビジョンを伝えることで「自分にはすべきことをする力がある」という自信を人々に与えていた。彼らは挑戦者であって、単なるだだっ子ではない。ポラロイドの創業者、エドウィン・H・ランドは次のように言っている。「最初にすべきことは、部下にそのプロジェクトは間違いなく重要だが、やり遂げるのは非常に難しいと教えることです……それが人を強くし、頭を使って何とかやり遂げてやろうという意欲を引き出すのです」

ビジョンは人に活力を与え、精神を高揚させ、目標を実現するための行動を起こさせる。ニューヨークシティバレエ・アンド・スクールの創設者、リンカーン・カースティンは次のように言っている。「私は生涯をかけて、ものごとはいかにして成し遂げられるのかを学んできました。私が愛しているのは、バレエの美しさではありません。そのメソッドです。いかにふるまうか、それがバレエなのです」。彼の友人はカースティンをこう評している。「大変な集中力の持ち主です。その点で彼に並ぶ者はいないでしょう。彼はいつでも、自分が求めているものを知っていました」。「相手に無駄な時間を使わせない」というカースティンの評判はここから来ているのだろう。

彼は自宅について、こう語ったことがある。「この家にあるものは、すべてが教師であり、何らかの目的を果たしています」。服選びも徹底している。黒いスーツ、黒い靴下、黒いネクタイ、そして白いシャツ。毎日同じコーディネートだ。「ずいぶん前にこう結論したんです。服をあれこれ選ぶのをやめたら、かなりの時間を節約できるはずだって」

ところでカースティンは、奇しくも彼と同名の第一六代米国大統領、エイブラハム・リンカーンを尊敬していると言う。この選択にも、彼がビジョンを重視していることがはっきりと見てとれる。彼はこう書く。「リンカーンとほかの政治家との違いは、その多面性にある。彼は状況に応じて、さまざまな能力を発揮した……あるときはものごとを先延ばしにし、あるときははぐらかすように語った。あるときは策略家で、あるときは優柔不断、あるときは妥協的だった。しかし何をするにせよ、それはすべて『連邦制の維持』という当時の最重要目的を達成するためだった」

リンカーンを讃えるカースティンの言葉からは、強い目的意識が伝わってくる。「連邦制の維持」――それはどんな犠牲を払ってでも達成すべき目的であり、代償を払う価値のある目標、本心を偽ることさえ許される大義だった。しかしこれほど壮大なビジョンではなくとも（インスタント写真やファストフード・レストランのようなビジョンであっても）、リーダーにとってビジョンが持つ価値は変わらない。

これらのリーダーは、バーナード・ショーの戯曲『人と超人』に出てくる人物をほうふつとさせる。[*2]

自分自身が崇高だと思える目的に仕えること、たえず苦痛や不満を訴え、世界は自分の幸福のために何もしてくれないと嘆く利己的な愚か者ではなく、大自然に属する力となること、それこそが人生の真の喜びだ。

私は持てる力を使いきって死にたい。懸命に働けば働くほど、私はより豊かに生きることができる。私は生それ自体に喜びを感じる。私にとって、人生は「短いロウソク」ではない。それはつかの間、私の手のなかで燃えさかるたいまつのようなものだ。次の世代に渡すまで、私はこのたいまつをできるかぎり明るく燃えたたせたいと思う。

しかしリーダーシップは、人と人との関係、リーダーとフォロワーの間の交流でもある。リーダーもフォロワーも、相手なしには存在しえない。両者の間には調和とつながりが必要だ。我々は調査の結果、リーダーは周囲の人の注意を引きつけるだけなく、彼らに注意を払ってもいることに気づいた。たしかにコミッショナやランド、クロック、カースティンといったリーダーたちは他者を指揮する立場にある。だが、率いる者と率いられる者の間には、たとえ目には見えなくても、単なる命令よりずっと複雑な何かが働いている。両者はお互いから最良のものを引きだす。この点は後ほど詳しく述べるとして、ここでは本書が論じている新しいリーダーシップは、専制的なものでも一方的なものでもなく、むしろ心をゆさぶる精妙なエネルギーの交換だと言っておこう。このことは名指揮者と演奏者の間でも、経営者と従業員の間でも変わらない。相互作用は一体感を生む。

指揮者とオーケストラ、コーチとチーム、そしてリーダーと組織はひとつになる。人々の関心を一点に集めること、それが「ビジョンによって人々の関心を引きつける」というマネジメントなのだ。

戦略Ⅱ あらゆる方法で「意味」を伝える

夢見たことなら、実現できる。

――ウォルト・ディズニー

このウォルト・ディズニーの言葉は、フロリダ州オーランドにあるテーマパーク、エプコットに掲げられている。心のなかのドン・キホーテが目を覚ますような名文句だが、現実はもう少し複雑だ。

信じるだけでは、夢は実現しない。胸が高鳴るようなビジョンや気高い志ならいくらでもある。壮大な計画を温めている人も多い。だが、コミュニケーションがなければ何も実現しない。成功するためには、周囲の人々に魅力的な青写真、相手の熱意や参加意欲をかきたてるようなイメージを伝える能力が必要だ。

人を魅了するにはどうすればいいのか。どうすればビジョンを伝えられるのか。組織が掲げる大きな目標に向かって、関係者の力を結集するにはどうすればいいのか。どうすればアイディアを理解し、受け入れてもらえるのか……。組織で働く人々は、自分が心から賛同できる何かを組織に見出したいと願っている。すぐれたリーダーとは、ものごとの意味を管理し、それを効果的に伝えられる人物だ。

興味深いことに、我々がインタビューした九〇人のリーダーの多くは話術に長けていたが、わずかながら話しべたの人もいた。しかし口数が少ないことは、彼らのコミュニケーションを妨げてはいなかった。そのよい例が、バッファロー出身のすぐれた企業家、ビル・ムーグだ。彼が創業し、社長を務めるムーグは、飛行機のエンジン部品を製造する会社で、その技術で特許も取得している。

ムーグはインタビューの間、じっと黙っていることが多かった。何かを熟考しているように見えたが、一心に集中しているその姿には人を動かす威厳があった。彼の集中力のすごさは、半年間、一度も横にならずにひとつの問題を考えつづけたという逸話からもうかがえる。インタビュー時にたまたまいあわせた彼の妻は、頭を振ってこう言った。「六カ月もベッドに入らなかったんです。会議中に居眠りをすることはあったようですが、『横になって寝る』ことは一度もありませんでした」

ムーグとの会話をイメージしてもらうには、実際のやりとりを紹介するのが一番だろう。会話は、たとえばこんなふうに進んだ。

Q　従業員とのコミュニケーションはどうとられるのですか。大変寡黙でいらっしゃるようですが……

A　まったくないときもありますね。半年間、ほとんど何も話さないこともあります。

Q　本当ですか？

A　でもどういうわけか、仕事はいつもうまくいく。何が起きているのか……何がどうなっているのか、不思議とわかるんです。変な話ですがね。(長い沈黙) そう……先ほども申し上げたように、信頼や自信があるからでしょう。これまでの経験もありますし、起きそうなことはだいたい予想がつくんです。私のやり方は……(長い沈黙)

Q　しかしあなたの「寡黙さ」は、とくに入ったばかりの新人にとっては障害になるのではありませんか。

A　そうかもしれませんね。わかりません。ただ私が確信していることは、不思議と従業員にも伝わるようです。なぜかはわからないのですが。図面を描いて、それを送ることもあります。模型をつくることもあります。数年前、組織の分権化に取り組んだときは、私の考えを図に描いて送りました。グラフ用紙にね……それを見て、みな理解してくれたようです。おかげで新しい組織への移行はスムーズに進みました。物理的な移動も含めて――しかもその間、一日の生産量が落ちることは一度もありませんでした……

このやりとりからもわかるように、ムーグは自分の言いたいことを伝えるために、模型や図面をよく使う。社員はこうした「具体化された」アイディアをとおして、彼の意図を理解する。模型をつくるまではいかなくても、私たちがインタビューしたリーダーの多くは、比喩表現を積極的に活用していた。何かと比較したり、類推したりすると、対象物をはっきりイメージできるようになる。たとえば一エーカーの広さを説明するなら、四八四〇平方ヤード（三二四坪）と言うより、フットボール場くらいの広さと言ったほうがわかりやすい。

ロバート・レッドフォードは映画『普通の人々』を監督するまで、映画の撮影技術にうとかった。撮影初日、彼は六人の撮影カメラマンを呼び集め、パッヘルベルのカノンを聴かせた。映画の冒頭で流れる優雅な曲だ。そしてカメラマンたちにこう言った。「この曲をよく聴いてくれ。そして、この音楽にしっくりくる郊外の風景をイメージしてほしい」。本人は意識していなかったかもしれないが、これは心理学者たちが「共感覚」と呼ぶものだ。つまりディズニーが映画『ファンタジア』で挑んだような、ある感覚から別の感覚を生じさせることである。

レーガン元大統領も、身近なたとえを使って抽象的なものを具体的に表現する名手だった。その傑作が、彼が大統領になって初めて行った予算教書演説だ。この演説のなかで、彼は一兆ドルという金額を理解してもらうために、それをエンパイア・ステート・ビルと比較した。自分の考えをわかりやすく表現する能力は、レーガン政権の強力な武器となった。ＡＢＣ放送の世論調査では、グレナダ侵攻に対する国民の支持はレーガンの演説後、二倍に上昇したと言う。

それと対照的だったのが、第三九代大統領のジミー・カーターだ。彼はお世辞にもコミュニケーションがうまいとは言えず、それが国民を説得するうえで大きな障害となった。皮肉なことに、カーターは第二八代大統領のウッドロー・ウィルソン以来、もっとも知的能力の高い大統領だったが、大事なのは多くの情報や事実を知っていることではなく（それは単なる「情報過多」だ）、その伝え方、全体としての意味だ。

大統領時代のカーターは、伝えたいことはあっても、それをあいまいな形でしか伝えられなかった。忠実な民主党員で、カーター政権で要職にあった女性は、あるインタビューに答えて、カーターが何を支持しているのかわからなかったので非常に苦労したと述べている。彼女のカーター評はじつに詩的だ。「彼との仕事は、まるで織物の裏側を見ているようでした――ぼんやりしていて、何が描かれているのかわからないのです」

このように、集団には現実を定義してくれる「誰か」が必要だ。その例として、よく取り上げられる野球の逸話がある。優勝を賭けた試合の九回裏、カウントはツーストライク、スリーボール。投手が最後の一球を投げたが、審判は一瞬、投球の判定をためらう。打者は怒ってふりかえり、「いったい、どっちなんだ」と迫る。すると審判は、次のように答えた。「私がコールするまでは、どちらでもない」

ロサンゼルスの夕刊紙、ロサンゼルス・ヘラルド・エギザミナーは、数年前にフランク・デールを新しい社長兼発行人に迎えた。それは同紙が、一〇年におよんだ血なまぐさいストライキに幕を引こうとしているときだった。建物は八年間も封鎖されたままになっており、デールは裏口を通って疲れ切ったスタッフに会いに行かなければならなかった。

彼は当時をこうふりかえる。

着任すると、すぐに改革に着手しました……建物の正面玄関はバリケードでふさがれ、もう八年も開いたことはないということでした。やむなく裏口にまわると、指紋の採取と写真撮影が待っていました。その後、「ようこそ、社長！」という声に迎えられて、ようやくなかに入ることができたのです。

まずは早々にニュース室を訪れ、そこにいたスタッフに集まってほしいと呼びかけました。あいさつがしたかったんです。私を紹介してくれる人は誰もいなかったのでね……

――正面玄関から入れなかったと言うんですか？

そうです。ロビーはもう八年以上、バリケードでふさがれていました。激しい衝突があり、死者も出ました。従業員も死にました。ビールを飲みながら「もう殺し合いはやめよう」と言い出したのは、組合に入ったことのない者、中立の立場を保ってきた者でした。

その晩を機に、和解に向けた動きが始まりました。やがてほかの従業員も和解に同意し、彼らに交渉権を託しました。そしてついに、長きにわたったストライキに終止符が打たれたのです。

私は部屋にいたスタッフを机の周りに集めると、くだけた雰囲気のなかで自己紹介をしました。そのとき、ふとこんな言葉が口をついて出たのです。「まずは正面玄関を開けることから始めないか」。全員が立ち上がり、歓声が沸き起こりました。大の大人が、男も女も泣いていました。あのバリケードは、闘争と長く苦しい日々の象徴だったのです。

次に私はこう言いました。「太陽の光を入れよう」……部屋が明るくなると、私は改めて自己紹介をし、私にチャンスを与えてくれたことに感謝の言葉を伝えました。実際、それが彼らのしてくれたことなのです……

ヘラルド・イグザミナー紙が営業を再開すると、デールは部数を伸ばすために、ミサイルの比喩を使ったキャンペーンを始めた。(宇宙船の形をした)ヘラルド・イグザミナーが、強力なライバルである朝刊紙、ロサンゼルス・タイムズに追いつくさまを描いたポスターが、街中の壁や掲示板に貼られた。「離陸」のイメージに合わせて、デールの執務室の椅子には飛行機のシートベルトが取りつけられた。彼はこのシートベルトを、今も辛抱強く使っている。

九〇人のリーダーの経験からは多くを学べるが、もっとも重要な教訓は、「全員が組織の活動に同じ意味を見出し、組織が置かれている状況を同じように理解しないかぎり、組織は機能しない」ということだ。共通の理解は協調的な行動を促す。

リーダーは行動と象徴を使って、ものごとの意味を浮き彫りにし、それを伝える。それまでは暗黙のうちに了解されていたことや、語られてこなかったものを言語化し、定義する。そしてイメージや比喩、模型などを使って、新しいテーマに人々の関心を引きつける。そうすることで組織が共有してきた知識を強化したり、異を唱えたりする。つまりメンバーに影響を与え、ものごとの意味を整理する能力は、リーダーに欠かせないものなのだ（この点は4章で詳述する）。

二番目の重要な教訓は、ものごとの意味を伝えたり、形づくったりする方法や手段は、リーダーによってまったく違うということだ。レッドフォードは聴覚を、ムーグは模型を、フランク・デールは「太陽の光を入れる」という象徴的な行為を、エドウィン・ランドは鮮やかな言葉のイメージを使った。しかしやり方は違っても（言葉を使う人もいれば、音楽など言葉以外のものを使う人もいる）、すぐれたリーダーはみな二つのことを理解している。ひとつは、全員が同じ意味を共有し、役割と権威を同じように理解していないかぎり、組織は機能しないということ。もうひとつは、全員が状況を同じように理解し、その理解に基づいて行動するための青写真を伝えることが、リーダーの重要な責任だということだ。

ここで言う「意味」とは、「伝える」という言葉から通常イメージされるものとはまったく違う。第一に、それは「事実」はもちろん、「知識」ともほとんど関係ない。この二つはむしろ、技術や方法論、つまり「ものごとのやり方に関する知識」と関係している。そうした知識は有益だし、必要ですらある。今日の社会がそれを重視していることもたしかだ。しかし我々が「意味」という言葉で指しているものは、知識よりもはるかに思考と近い。

人は考えることで、すべきことやしなければならないことに備える。体制の側からすれば、思考は警戒すべき危険なものかもしれない。思考は建設的で、新しい方向性やビジョンを示すことで、古い慣習の価値を問い直すからだ。それに対して、何も考えず、ただ事実に基づいてことを進めるのは、一見すると安全で確実なやり方だが、長い目で見ればきわめて非建設的だ。方向をまったく考慮していないからである。リーダーシップの重要な役割は（とくに変化の激しい環境では）、「どうやるか」の前に、まず「なぜ、それをするのか」を考えるところにある。この違いも、リーダーとマネジャーを隔てている決定的な差のひとつだ。

この点をもう少し詳しく見ていこう。この違いはリーダーシップだけでなく、創造性や美学といった抽象的な問題にも関わってくるからである。

ほとんどの場合、マネジャーは〝問題解決〟と呼ばれる思考プロセスに従事している。問題解決を構成しているのは、問題、方法、そして両者から導き出される解決策だ。それに対して創造的な思考プロセスは、解決策はおろか、問題も方法も実体としては存在しないときに始まる。創造的であるためには、腰を据えて取り組むべき問題を「発見」しなければならない。偉大な発見は必ず、「問題の発見」というステップを伴う。それは組織の新しい方向性やビジョンを見つけることとよく似ている。これこそ前述したリーダーとマネジャーの違いであり、型どおりに問題を解決する人と、問題を見つける人の違いだ。

しかし、見つかった問題や創造的なアイディアが価値あるものかどうかを見きわめるためには、どうすればいいのか。どうすれば、その価値を判断できるのか。たとえば「ロサンゼルスからアスペンに最短ルートで行くにはどうすればいいか」という問題なら、通常のやり方で解決できる。変数にもっとも適した旅程を見つければいいだけだ。だが、これが「ロサンゼルスからアスペンまで最短ルートで行くのはよい考えか」という問題ならどうだろう。通常の思考や論理では、なかなか答えを出せないはずだ。経験的な知識では、創造的な解決策は導き出せない。では、どうすればいいのか。特定の解決策や方向やビジョンが、それ以外の選択肢よりも支持されたり、されなかったりするのはなぜなのか。

この古くからある問いに、我々が提示しうる最良の答えはこうだ――「ビジョン（新しいアイディア）を受け入れてもらうためには、そのビジョンがもたらす創造的な変化に、従業員（オーディエンス）が進んで関心を向けるようにしなければならない」

新しいアイディアが受け入れられるかどうかは、アイディアの質だけでは決まらない。どんなにすぐれたアイディアも、それぞれの社会的環境のなかで人々の関心を引きつけられなければ無意味だ。その環境がどのようなものか（この場合は組織）は予測できない。環境によっては、よいアイディアも悪いアイディアと同じくらい簡単につぶされてしまう。

そして何より、アイディアが受け入れられるかどうかはリーダーシップにかかっている。なぜならリーダーシップは、アイディアに耳を傾けてくれる人を生みだすからだ。リーダーシップは情報を伝え、伝統を「修正」し、強化することによって、人々の認識を変える。ものごとの意味を伝えることで、「学習」という共同財産を組織のなかにつくりだす。この学習こそ、すぐれた組織の条件だ。

今日の組織では、硬直した官僚主義を目にしたり、経験したりすることが多い。このような組織はたいてい、ものごとの意味を正しく管理することができない。「すばらしいアイディア」が誕生しても、そのアイディアの実行は別の人に託され、そこからさらに別の人に託されていく。ついに形になったときには、最初のアイディアの面影はどこにもない。それはむろん、リーダーが意図し予想していたものではない。彼らはピノキオをつくったゼペットじいさんのように、最初の計画が変わり果てた姿になっているのを目にする。これがすぐれたアイディアの持ち主たちを悩ませている「ピノキオ効果」だ。不透明なプロセスは、官僚主義を責任と罪悪感から逃れるしくみに変えてしまう。

人々はコミュニケーションをとおして、組織に意味を見出すようになる。あるいは、そうあるべきだ。それ以外に、組織が掲げる目標のもとに、あらゆる規模の集団を一致団結させる方法はない。

明確なメッセージを組織のあらゆる階層に届けること。これこそ創造的プロセスの目的であり、もう一度くりかえすなら、マネジャーとリーダーを隔てるものである。

戦略Ⅲ「ポジショニング」で信頼を勝ち取る

決意がなければ、価値あることは何も達成できない。たとえば原子力の利用が始まったばかりの頃には、世界初の原子力潜水艦ノーチラス号の造船許可を得ることは、ノーチラス号を設計し、建造するのと同じくらい難しいことだった。よい考えだからといって、すぐに受け入れられるわけではない。勇気ある忍耐をもって、実行しなければならないのだ。

――米海軍提督ハイマン・リッコーバー

信頼は、組織が機能するための潤滑油だ。信頼のかけらもない組織など、想像することさえできない。「信頼のない組織」があるとすれば、それは例外というより、むしろ誤った呼び名であり、カフカが夢想した得体の知れない生き物だ。

信頼という言葉は、責任、行動を予測できること、頼りがいといった意味を含んでいる。信頼がなければ製品は売れないし、組織も機能しない。つまり信頼は、組織が誠実さ（インテグリティ）を維持するための接着剤なのだ。

リーダーシップと同様に、信頼も説明のしにくい概念であり、定義するとなるとなおさら難しい。信頼があるかないかはすぐにわかるが、信頼について言えることといえば、それが不可欠で、「行動を予測できる」という安心感に根ざしているといったことくらいだ。行動を予測でき、立場が明確で、それを貫いている人は信頼される。つまり信頼されるリーダーとは、自分の考えや立場を明確に伝えられる人なのだ。

スワースモア大学の元学長、セオドア・フレンド三世は「リーダーシップ」を次のように定義している。

> リーダーシップとは、自分をよく知り、ついていきたいと思わせるような協調的なエネルギーを放ちながら、風に向かって突き進むことだ。その際には、どの方向から風に向かうかよりも、ひとつの方向を選び、それを合理的な範囲で貫くことが重要になる。合理的

な範囲とは、ひとつには「周囲の支持を得られるかぎり」ということだ（強調は著者による）。

はっぱをかけるだけでは人は動かない。大切なのは実例を見せることだ。行動においても言葉においても、リーダーは目的地を明確に知っていなければならない。あいまいな点や理想につきものの困難があっても、自分たちはこれまでにいた場所から、望ましい未来へ移行しつつあるのだと、人々に伝えられなければならないのだ。

フレンドが、立場や場所、あるいは何が正しく、何が必要なのかを知っていることを強調している点に注目してほしい。我々がインタビューしたリーダーたちも、それぞれの表現で同じ原則を語っていた。リーダーとは頼りがいがあり、並外れて粘り強い人間なのだ。

こうしたポジショニング、つまり自分の立場を明確にし、それを貫くことこそ、マーチン・ルーサー・キングの人権運動を支え、スーザン・B・アンソニーの女性参政権運動を後押ししたものだった。偉人と呼ばれる人々は常に犠牲を払ってきた。彼らは自分が信じる大義のためなら、死をもかえりみない。いったん方向を明確にしたら、それを可能なかぎり貫く。こうした徹底的な献身が、最後には信頼を生みだすのだ。

レイ・クロックのオフィスを訪ねたとき、彼は壁から立派な額をはずして、我々に見せてくれた。そこには彼が刺激を受け、気に入っているというカルビン・クーリッジ（第三〇代米国大統領）の言葉が書かれていた。


この世に、粘り強さに代わるものはない。

能力でもだめだ。すばらしい能力を持ちながら、成功できなかった人間など山ほどいる。

天才でもだめだ。〝不遇の天才〟は、今や決まり文句と言ってよい。

教育でもだめだ。世界は教養ある落後者であふれているではないか。

粘り強さと決意、それだけがすべてに打ち勝つ。


我々の知るかぎり、マクドナルド本社の重役室には必ず、この言葉が額に入れて飾られ、来た人すべての目にとまるようになっていた。

ここで言うポジショニングとは、リーダーのビジョンを実現するために必要な一連の行動のことだ。ビジョンが目指すべき理想だとすれば、ポジショニングは自分の場所を確立することである。そのためにはリーダーは（前の項で述べたような）明瞭さだけでなく、一貫性や頼りがいも体現していなければならない。自分の場所を確立することで（そしてもっと大切なのは、それを貫くことで）、リーダーは信頼を勝ち取る。

実際、九〇人のリーダーを評する言葉として、同僚や部下からもっともよく聞かれたのは「言行一致」だった。リーダーは服を着るように自分のビジョンをまとう。理想は必ず実現できると確信し、理想のとおりに行動する。

マハトマ・ガンジー以降、人々のロールモデルとなり、常に理想に従って行動することで国家を根底から変えたリーダーと言えば、ネルソン・マンデラだろう。彼は一九四四年、まだ青年だったときにアフリカ民族会議（ＡＮＣ）に入党した。それ以来、二〇年にわたる苦しい政治闘争時代も、それに続く二六年間の収監時代も、南アフリカからアパルトヘイトを撤廃するという彼の信念がゆらぐことはなかった。そして一九九〇年、マンデラはついにＡＮＣの代表として、全人種が参加する政府への平和的な移行に向け、Ｆ・Ｗ・デクラーク政権との交渉に臨む。一九九三年のノーベル平和賞受賞と、ほどなくして実現した南アフリカ大統領への選出は、この不屈のリーダーに対する世界と国家からの感謝をこめた賛辞だった。

元米国大統領のレーガンは、自己イメージの管理に長けていただけでなく、ゆるぎない信念の持ち主だった。「最後までやり遂げる」という彼のモットーは、国民にも大いに歓迎された。彼は何度も論争や惨事に巻き込まれたが、最後まで鷹揚な態度を崩さず、他の閣僚やスタッフが言い争っていても、自分の信念を変えることはなかった。

ベイルートでの海兵隊の活動に対する責任を認めたときは、英雄的な行為と見なされた。民主党の対立候補ジェシー・ジャクソン牧師を祝福したときは、「立派なスポーツマンシップ」と讃えられた。グレナダ侵攻の際は国防総省による報道規制を支持したが、こうしたあからさまな世論操作さえ圧倒的な支持を得た（もちろんマスコミは除いてだが）。彼の行動が「正しい」ものだったかどうかは議論の余地があるにせよ、大切なのは方向（どの角度をとるか）ではなく、選んだ方向を可能なかぎり変えないことだとレーガンは知っていたのである。

こうした「不変性」はリーダーシップの必須要件だ。そのよい例がアルフレッド・P・スローンである。彼がGMの経営に参加したとき、同社は確たる方針を持たない寄せ集めのような場所だった。彼はこう書いている。「一九二一年初頭には七つのラインで一〇種類の車がつくられていた。どう考えても不合理だ……何らかの形で合理化が必要だった」[*3]

スローンはポジショニング、つまり市場の適切な場所に同社を位置づけることで、GMを大企業に育て上げた。彼は車の価格帯を六つに絞るとともに、低価格帯（六〇〇〜九〇〇ドル）の製品ラインを強化した。市場の適切な場所に自社を位置づけることが、リーダーである自分の最重要任務だと確信していたのである。本人は意識していなくても、我々がインタビューしたリーダーたちはみな、中国の古いことわざ——「方向を変えないかぎり、必ず向かった先に行き着く」に従って行動していた。

我々がこれほどポジショニングを重視しているのには、二つの重要な理由がある。

ひとつ目の理由は、「組織の誠実さ（インテグリティ）」と関わる。すぐれた組織の構造は、健全な人間やその特徴、つまり健全なアイデンティティになぞらえられる。もっと厳密に言うなら、組織が健全であるかどうかは、その組織が自分は何者で、何をすべきかをはっきりと理解しているかどうかでわかるのだ。別の言い方をすれば、「ひとつの方向を選び、それを変えない」ということだ。それは組織の誠実さの定義であり、リーダーが組織の文化をよりよく理解し、形成していくための手段でもある。

しかし組織の誠実さは、定義するよりも実現するほうが難しい。どんな小さな組織にも、複数の内部組織があることが理解されていないからだ。そのよい例が、「組織は一枚岩である」という神話だ。この神話はマスコミやわかりやすさを求める風潮によってたえず強化されているが、事実とかけ離れているばかりか、危険ですらある。

たとえば夕刊に、国防省やカリフォルニア大学、あるいはＩＢＭなどの企業が何らかの行動をとるという記事が載ったとしよう。通常、その行動は「首脳陣」と呼ばれるチームに託される。このチームは、まるで神話に登場するグリフィンのように現実味がない。チームのメンバーは調和的に働き、その行動には（そこに至るまでの人間ドラマが隠されているために）機械的な雰囲気さえただよう。しかし実際には、どの行動の背景にも会議、不一致、会話、個性、感情、行き違いなどが複雑にからみあっている。官僚政治も、実はこうしたきわめて人間的なプロセスにすぎない。外交政策、公立学校の質、マスコミが報じるニュースの範囲や扱い方は、表からは見えないもうひとつのプロセスによって決まるのだ。

人々は組織の意思決定を、こうした記事やその他の情報をもとに理解するが、その際には意思決定の結果に重点が置かれることが多く、プロセスに注意が払われることはほとんどない。当然、そのような理解は誤った結果を生む。それどころか、深刻な被害をもたらすことさえある。偶然性、無知、愚かさ、短慮、無邪気な混同といった要素は考慮されないばかりか、むしろ意図的に無視されているように見える。そのため、一般市民が政府の政策や戦略に影響を及ぼしている小さなできごとや何気ないドラマに気づくことはほとんどない。

人々は表にあらわれた動きだけを見、発表されたことだけを聞く。そして特別な理由がないかぎり、こうした行動は問題を認識し、代替策を比較検討し、合理的な判断を下すという、冷静で機械的なプロセスから生まれたものと思いこむ。しかし人間の性質を考えれば、そのようなことはありえない。

誠実な組織にはアイデンティティが必要だ。つまり自分は何者で、何をすべきかをわかっているということである。これはパーソナリティ理論になぞらえるとわかりやすい。パーソナリティ理論によれば、ひとりの人間のなかにはさまざまな「自己」が存在する。これらの部分が互いにうまく連携できていないと、他者とも有効なコミュニケーションはとれない。内なる人格の統合は、今日の精神医学の中心テーマだが、これは組織にもあてはまる。人間と同様に、組織もさまざまな「自己」、つまり内部構造を内包しているからだ。

どんな組織も四つの顔を持っている。これらの顔は対立していることもあれば、密接に結びついていることもある。ひとつ目の顔は「公称の組織」だ。これは組織図に描かれる組織の姿で、公開されていることもあれば、されていないこともある。公称の組織は現実の組織を反映しているように見えるが、実際は隠していることも多い。二つ目の顔は「想定上の組織」で、これは構成員から見た組織の姿である。我々は従業員が自社をどう見ているかを何度か調べたことがあるが、彼らの印象と外部から見た印象（公称の組織）はたいていかけ離れていた。三つ目の顔は「現存の組織」だ。つまり経営コンサルタントなどが「客観的な視点」から、体系的調査によって明らかにする組織の実態である。そして最後の顔は「最適の組織」だ。これは組織が置かれている状況にもっともふさわしい、組織のあるべき姿である。※

すべての顔が一致しているのが理想だが、そのような状況はまずありえない。四つの顔に矛盾があると、組織のアイデンティティは混乱し、一貫性を保つことは難しくなる。

この点も精神医学の概念に置き換えると理解しやすい。全員とまではいかなくても、精神療法家の多くは精神の健全性をはかる指標として、人格を構成しているさまざまな「自己」がどれだけ調和しているかを見る。健全な精神の持ち主は、自分が考える自分と他人から見た自分が一致しているというわけだ。

組織の誠実さを考えるときも、これとほぼ同じ基準を適用できる。つまり「公称の組織」、「想定上の組織」、「現存の組織」、「最適の組織」という四つの顔を、組織がどれだけ調和させ、把握できているかを見るのだ。四つの顔を完全に一致させる必要はない。むしろ、それぞれの顔を認識し、もしずれがあるなら、そこから生じる緊張を考慮に入れることが大切だ。そもそも、組織が四つの顔を完全に一致させられるか（あるいはすべきか）は疑問が残る。重要なのは気づいていること、つまり混乱と矛盾に敏感でいることだ。これはポジショニングなしには実現しない。

ポジショニングを重視すべき第二の理由は、「最後までやり遂げる」こと、つまり一貫性と関係がある。何度も述べてきたように、すぐれたリーダーはリスクをとる――組織の文化を刷新し、問い直し、変革する。このようなリーダーシップを発揮するためには、この項の冒頭で引用した米海軍提督リッコーバーの言葉に出てくるような、「勇気ある忍耐」が欠かせない。具体的には、自分の仕事に地道に取り組み、ちょっとやそっとのことではあきらめないことだ。イノベーション（何であれ新しいアイディア）は、それがどんな名案だろうと最初は受け入れ

※この部分の記述はエリオット・ジャックスの理論をもとにした。

られないものだ。誰もが採用するなら、それはもはやイノベーションではない。

イノベーションには必ず、強硬な抵抗、防衛的な態度、そして反対がついてくる。それに新しいアイディアというのはみな、最初はばかばかしいもの、現実ばなれした実現不可能なものに見えるものだ。くりかえし挑戦し、何度もやってみせ、ひたすらリハーサルを重ねることで、イノベーションはようやく組織に受け入れられ、その一部となる。そのためには持久力と、「勇気ある忍耐」が欠かせない。

米国のある大手食品加工会社は、手軽にパイをつくれる「パイ皮ミックス」の開発に苦戦していた。テスト販売は毎回、惨憺《さんたん》たる結果に終わった。研究所は毎年新しい製法を考案し、最初はどれもヒット間違いなしと思われるのだが、いざ売り出してみると（少なくとも重要なテスト市場では必ず）大失敗に終わった。経営陣は毎年くりかえされる失敗にうんざりし、腹立ちまぎれにこれを「ラザロプロジェクト」と呼んだ（ラザロは死から蘇ったとされる新約聖書の登場人物）。しかし方針を変えずに続けたかいあって、ついに製品開発は成功し、このパイ皮ミックスは売れ行きの面でも利益の面でも、同社を代表する製品になった。

「成功の八〇％は、その場に姿を見せるかどうかで決まる」と言ったのはウッディ・アレンだが、これはポジショニングによって信頼を勝ち取ることを学んだ組織とそのリーダーにもあてはまるように思われる。

ここで、ドン・マーキスの感動的な詩を紹介しよう。この詩にはポジショニングの精神（と「勇気ある忍耐」）が見事に描かれている。

蛾の教訓*4

ある晩、私は一匹の蛾に話しかけた。
彼は何とか電球に入り込み、その熱に焼かれて死のうとしていた。
「君たちはなぜ、そんな愚かな真似をするんだ」と私はたずねた。
「それが蛾の習性だとでも言うのかい？
もしそれが電球ではなく、むきだしのロウソクだったら、
あっという間に黒こげだ。
君たちには、分別というものがないのかね」
「ありますよ、たっぷりと」と彼は答えた。
「でもね、分別を働かせるのがいやになることがあるんです。
決まりきった毎日にうんざりして、美や興奮がほしくなる。
火は美しいが、近づきすぎれば焼き殺されることは知っています。

でも、それがどうだと言うんです?
長くても退屈な人生を送るより、
ひとときでも幸福を感じて、美とともに燃えつきるほうがいい。
だから私たちは、一生を小さな塊に凝縮して、
天高く打ち上げるのです。
これこそ、生きるということだ。
つかの間でも美の一部となって、
あとかたもなく消えてしまうほうが、
美と切り離されたまま、永遠を生きるよりずっといい。
簡単に得て、簡単に失う——
それが、私たちの生き方です。
私たちは、かつてのあなた方に似ている。
文明を築いて、楽しむことを忘れてしまう前の人間に」
そのような信条がいかに誤っているかを伝える前に、
彼は新型ライターの炎に飛び込んで、その命を絶った。
私は彼の考えに賛同しない。

私自身は、たとえ幸福は半分になろうと、
二倍長く生きたい。
しかし同時に、こうも思うのだ。
あの蛾が、焼け死んでまでも得たいと願ったもの、
心の底からほしいと思えるものが、私にもあったらと。

戦略Ⅳ　自己を創造的に活かす：①肯定的自己観

魏公の跡継ぎの家庭教師に任命されたとき、イェン・ホーはチュー・ポー・ユーのところへ相談に行った。「このたび、下劣で残忍な性質の男を教えることになりました。このような人間はどう扱えばよいでしょうか」。そうたずねると、彼はこう答えた。「よく聞いてくれた……まず最初にすべきことは、相手ではなく、自分自身を高めることだ」

——古代中国の老荘哲学の書より

私はいつも、権威をふりかざすのではなく、人間らしい交流をしようと心がけてきました。音楽家は軍人ではない。いちばん大切なのは人間同士のふれあいです。仕事仲間との間に本物の友情がなければ、音楽をつくるという神秘的な行為は成り立ちません。オーケストラのメンバーはみな、私の心は常に彼らとともにあることを知っています。

——カルロ・マリア・ジュリーニ（ロサンゼルス交響楽団の指揮者）

この二つの言葉は、リーダーシップが本来、人間的な営みであることをはっきりと伝えている。最近は大学も企業も、形ばかりの定量ツールやわかりやすい問題、ばかばかしいほど単純化された「人間関係」の事例などにかまけて、本質の部分を見失っている。我々の調査では、職位が高くなるほど、対人関係や人間的な部分が仕事に占める割合は高くなることがわかっている。我々がインタビューした経営者たちは、約九八％の時間を人々と過ごし、それとほぼ同じ割合の時間を人間関係の問題に費やしていた。研究からわかったのは、すぐれたリーダーになるためには「自己を創造的に活かす」ことが欠かせないということだ。本章では、その意味を明らかにしていきたい。

自己管理は重要だ。これができていないリーダーは、益よりも害をもたらす。ヤブ医者と同様に、無能なリーダーに当たれば病気はかえって悪くなり、生気は失われる。このことは「医原病」を考えるとわかりやすいだろう。医原病とは、医療行為の副作用として医者や病院がつくりだす病気のことだ。これと同じように、マネジャーも問題を取り除くだけでなく、場合によっては問題をつくりだす。

これを鮮やかに示しているのがＣＢＳニュースの元社長、フレッド・フレンドリーのエピソードだ。彼はエネルギーの塊のような男で、新しいアイディアを思いついては部下にぶつけるので、周囲はたじたじだった。ノイローゼになったことはないかとたずねられたとき、彼はこう答えている。「私自身はありません。でも、感染源にはなりえます」。管理職の仕事が心臓発作などの病気を引き起こすことはよく知られているが、もっと気をつけなければならないのは、そうした病気を部下にうつす可能性があることだ。これがリーダーシップの「医原病」である。そう考えれば、すぐれたリーダーシップは自己を創造的に（かつ健全に）活かすことと同じくらい、崇高で欠くことのできないものだとわかるだろう。

自己を創造的に活かすことで、リーダーの仕事はきわめて人間的な営みとなる。これを我々は（厳密には正しい表現ではないが便宜上）「肯定的自己観（positive self-regard）」と呼ぶ。この言葉の意味を、我々は「あなたの強みと弱みは何ですか」という共通の質問に対するリーダーの答えから学んだ。彼らはたいてい自分の強みを強調し、弱みはあいまい、もしくは最小限にしか語らなかった。自分の弱みに気づいていないからではない。そうした点にあまりこだわっていないからだ。

我々がインタビューした経営者のひとりで、出版帝国タイムズミラーの会長だったフランクリン・マーフィーも、肯定的自己観の体現者だった。彼は政府の閣僚になる機会が四度もあったにもかかわらず、それらの誘いを「何のためらいもなく」断った。「その手の仕事に自分が向いているとはまったく思えなかった」からだ。

「肯定的自己観とは何か」よりも、「何が肯定的自己観でないか」を説明するほうが簡単かもしれない。それは自分の価値をことさら言い立てることでもなければ、自分の利益だけを考えて自己中心的にふるまうことでもない。一般に「ナルシスト的な性格」と呼ばれているものとも違う。我々がインタビューしたリーダーたちには、自分をあがめたり、うぬぼれたりするところはまったくなかった。

しかし彼らは自分の価値を知っていた。エゴやイメージにとらわれることなく、自分を信じていた。あるリーダーはこれを、自尊心という言葉を使って次のように説明している。


　自尊心を持つこと、それがすべてです。自尊心がなければ、他人の言いなりになってしまう。とくに自分が恐れたり、軽蔑したりしている人間にふりまわされることになります……あなたはこう思うでしょう。「満足できる仕事なんてない。そもそも私を欲しがる会社、私を雇う会社なんて、ろくなところじゃないはずだ」。コメディアンのグルーチョ・マルクスの名セリフは、自尊心のない人々の声を代弁しているようです。「私を入会させるようなクラブには、絶対に入りたくない」。自尊心のない人々は、自責の念で窒息しそうになっています。彼らにとっては、どんな出会いも奪われるものばかりで、得るものはほとんどない。返事の来なかった手紙はすべて、自分の怠惰さの記念碑であり、やましさの墓碑銘なのです。自尊心がなければ、私たちは自分を安売りし、ついには完全に売り渡してしまうでしょう。

肯定的自己観を持つための第一歩は、自分の強みを知り、弱みを補うことだ。我々の研究に参加してくれたリーダーたちは、幼い頃から自分が得意なものを知っていた。

たとえばプロデューサーのジョン・コーティは、中学生のときから映画をつくり、あちこちで上映していた。クレア・タウンゼントは、一〇代の頃から記事を書いて発表していた。指揮者のジェームズ・レバインは五歳のときに、コンサートホールの最前列で楽譜を片手に正確に拍子をとり、ベテランの指揮者たちをたじろがせた。インテルの社長、アンドリュー・グローブは、早くから自分は機械に強いことに気づき、将来は「工学の世界に入る」と決めていた。そしてほとんどのリーダーは人生の早い段階で、自分は人と接するのがうまく、リーダーになれば必ず成功すると考えていた。

肯定的自己観の第二の要素は、訓練によってスキルを磨くことだ。つまり自分の才能を育て、伸ばすのである。リーダーのなかには、スポーツ選手だった人や、運動が好きだという人が多い。彼らは自分の仕事に対するフィードバックやデータを熱心に集めていた。まるでスポーツ選手のように、過去の成績をもとにより高いゴール、より高い目標をたえず自分に課していた。

金融サービスを提供するフットヒルグループの元会長で、現在は米国の駐フィジー大使を務めるドン・ギバーツは、「売り上げが一〇〇万ドルに達したとき、私にはこれを一年で三倍にしてみせる自信がありました」と語った。インテルの社長、アンドリュー・グローブは売り上げが一〇億ドルに達する前に、目標を一五億ドルに引き上げた（しかもこれは一九九四年のことである）。スターバックスの会長兼CEOのハワード・シュルツは、二〇世紀中に店舗を現在の一〇〇〇店から二〇〇〇店に増やす計画だ。

しかし我々がここで注目したいのは、損益や投資収益率ではなく、リーダーをフォロワーから隔てている、スキルを伸ばし高める能力である。我々が話を聞いたリーダーたちは、自分で自分を進化させる、いわば「自己進化型」の人間であるように思われた。

業績をあげることはもちろん重要だが、リーダーはあらゆる点で秀でていなければならないわけではない。ただし欠点は認識しておく必要がある。最初はささいな個人的問題だと思われていたものが、積もり積もって悲劇的な結果を招くこともある。だから有能なリーダーは深刻な事態が起きる前に、自分に欠けているものを補う方法を学ぶ。

実際、欠点がリーダーとしての能力を強化するきっかけになることも多い。そのよい例が、インタビュー時はグラフィックコントロールズの会長兼CEOだったウィル・クラークソンだ。

彼は自分の強みは人間関係ではなく、ハイテク分野にあることを知っていたので（「私は人間よりモノに強い」とは本人の弁である）、人間関係を学ぶセミナーを受講し、「対人能力」の向上を助けてくれるコンサルタントを雇った。そして二年後には、自ら対人技術やコミュニケーション技術の連続講座を開くまでになった。今の彼は、すばらしくバランスのとれたリーダーだ。

有能と言われる経営者はたいてい、自分が弱いと認識している部分をカバーし、補ってくれる人材で周囲を固める。そうでない場合は、そもそもその仕事を引き受けない。これは肯定的自己観の第三の側面、「自覚している能力と職務に求められる能力が一致しているかを見抜く能力」につながる。政府の要職につかないかという誘いを、「何のためらいもなく」断ったフランクリン・マーフィーは、その好例だ。

一般に、肯定的自己観の第三の要素（個人の強みと組織の要求の一致）は、「タイミングがよかった」という言葉で片づけられることが多い。しかし九〇人のリーダーの経験を詳しく見ていくと、リーダーには提示された仕事が自分の強みを活かせるものか、自分の能力は今も組織の役に立っているか（むしろ組織に害を及ぼしていないか）を〝察知〟する力があることがわかる。カントリー＆ウェスタンの歌手、ケニー・ロジャーズの歌詞を借りるなら、彼らは「勝負に出るべきときと降りるべきとき」を本能的に知っているのだ。「タイミングがよかった」

ように見えるのは、リーダーに自分の強みと組織の要求の一致度を見抜く力があったからにほかならない。

強みや弱みは、芸術家が作品をつくるときの「素材」、あるいは媒体だと考えるとわかりやすい。何かに燃えている人は、自分の個性や可能性のすべてを、欠点も含めて、その対象に注ぎ込む。そうするうちに、すべてのものがひとつの芸術作品（あるリーダーの言葉によれば「眼福」）に変わっていく。そうすることでリーダーは、偉大なビジョンを描き、実行するために必要な自己満足感と、創造力に満ちた誠実さを手に入れるのだ。

このように、肯定的自己観は「自分の強みを知っていること」、「自分の強みを育て、伸ばすこと」、「自分の強みと弱みが組織の要求と一致しているかを見抜くこと」の三つからなる。仕事の面では、肯定的自己観の持ち主は実務能力が高く、職務を遂行するために必要なスキルをそなえている。仕事を楽しみ、仕事に生きがいややりがいを感じている。仕事は彼らの誇りであり、彼らの価値観を映し出す鏡だ。

なかでも我々が驚かされたのは（今思えば当然のことかもしれないが）、九〇人のリーダーが自分だけでなく、従業員にも肯定的な眼差しを向けていたことだ。これはリーダーに欠かせない能力でもある。モノリシックメモリーズの元社長兼CEOのアーウィン・フェダーマンは、この点を次のような言葉で見事に描いている。

考えてみると、人間というのは相手の人柄ではなく、相手が自分をどんな気分にさせてくれるかをもとに、その人を愛するのではないでしょうか。誰かに喜んで従うときも、ほぼ同じ原理が働いています。その人に従うと、よい気分になるのです。もちろん、我々は一等軍曹や自己中心的な天才、世話の焼ける配偶者、さまざまな信条を持つ上司などにも従います。理由はいろいろですが、少なくとも相手にリーダーの資質があるからではない。誰かに〝喜んで〟ついていきたいと思うのは、そうすることで自分がよい気分になるからです。メンバーに毎日、よい気分で仕事をしてもらうこと――これこそ、リーダーシップの本質ではないでしょうか。

都市計画・開発の大家であるジェームズ・ラウズは、同じことを少し違う角度から語っている。メリーランド州コロンビアの開発プロジェクトを率いたとき、彼はある住宅の外観に不満を覚えた。そこで次の住宅を設計するときは、プロジェクトチームの建築家たちにうるさく注文をつけ、問題点を修正しようと試みた。だが効果はなかった。そこで問題を指摘してまわるのをやめ、今度は自分が求めているもの、目指しているものを体現している一流の建築物を見に行かせた。その結果、建築家たちはラウズのビジョンに刺激され、米国でも指折りの魅力的

で機能的な住宅をつくりだした——このエピソードは、リーダーの自己観は周囲に「伝染」することを示している。

例をもう二つあげよう。ポラロイドの創業から間もないころ、エドウィン・ランドはたえず社員に「不可能を可能にしよう」と呼びかけていた。ランドの自己観は肯定的で説得力にあふれていたので、マネジャーたちも会社の成功を確信できた。一方、一九五〇年代半ばにジョン・ディール・アンド・カンパニーを買収したウィリアム・ヒューイットは、活気のない時代遅れの農機具会社を現代的な多国籍企業につくり変えた。成功の秘訣は、「もう少しうまくやる方法はないか」と問いつづけることだった。社員も底力を発揮した。ある古参社員の言葉を借りるなら、「ヒューイットのおかげで社員は自分の優秀さに気づいた」のだ。

肯定的自己観を持つリーダーは、巨大な多国籍企業を率いるときも、オーケストラやフットボールチームを率いるときも、批判や懲罰に頼ることはほとんど、あるいはまったくない。たとえばロサンゼルス・ラムズのコーチ、ジョン・ロビンソンは、「コーチは自分の力を無条件に信頼している」と選手が納得するまでは、絶対に選手を批判しないと語った。コーチは自分を信頼していると選手が納得してから初めて、「君のしていることは九九%すばらしいが、残りの一%が状況を変えてしまうかもしれない。この点に取り組もう」と言うのだ。南カリフォルニア大学（USC）のコーチだったときも、当時二年生で、のちにNFLリーグ最強のランニングバックのひとりとなるマーカス・アレンに、ロビンソンは同じようなことを言った。しかしそれも、二年をかけてアレンが自信を持てるようにしたあとのことである。

先ほど引用したモノリシックメモリーズのアーウィン・フェダーマンは、この点を説得力ある言葉でこう語っている。

人間の可能性は、その人の自尊心と直結しています。要するに、自分にどれだけ満足しているかです。自分を高く評価するほど、自分に多くを期待するようになる……それが成長を促し、より意欲的な目標、より高い期待、より目覚ましい成果を生みだすのです。そう考えれば、あなたが過去に夢中になり、嬉々として従った人々はみな、「自分は重要な人間だ」という感覚をあなたに与えてくれていたことに気づくでしょう。それは単に、そうする義務や力が彼らにあったからではありません……彼らの近くにいるだけで、なぜかすばらしい気分になるのです。

肯定的自己観の威力は、「ピグマリオン効果」と同様に、人々のなかに自信や自分自身に対する高い期待感を育てるという形で発揮される。

イアン・マクレガーはブリティッシュスチールの会長になったとき、まず中間管理職の士気回復に取り組んだ。「メンバーの士気を高めることこそ、組織の長がなすべき仕事だ」と彼は言う。業績好調な企業ほどの高給は支払えなかったが、独立心と自信を育むことで、中間管理職の仕事に対する意欲は高まった。「誰もがビジネスの一部を任されていると感じるようになりました。力を発揮する機会も増えたと思います」と彼は言う。

肯定的自己観は人間としての成熟度と関連しているが、我々は「成熟」という言葉よりも、「心の知恵（emotional wisdom）」という表現を好む。成熟という言葉には、子どもっぽい行動を卒業するという響きがあるが、我々がインタビューしたリーダーたちは、子どものよい特性（他者への強い関心、のびのびとした行動、想像力、新しい態度を身につける無限の能力など）をふんだんにそなえているように見えたからだ。

心の知恵は他者との関わり方にあらわれるように思う。たとえば、我々が話を聞いた九〇人のリーダーたちは、次に掲げる五つの重要な能力を発揮していた。

①自分の理想を押しつけるのではなく、ありのままの相手を受け入れる能力。ある意味では、これこそ究極の知恵と言えるかもしれない。相手を判断するのではなく、相手の「なか」に入り、相手の立場でその人を理解するのだ。

②過去にとらわれず、現在の視点から人間関係や問題に取り組む能力。過去の間違いからも学ぶ

ことはできるが、失敗を減らすには今を出発点にするほうが生産的だ。心理学的に見ても、終わったことにこだわるより健全である。

③親しい人にも、初対面の相手や顔見知りと同じくらい礼儀正しく接する能力。これはとくに家族間で求められる（かつ欠けている）能力だが、仕事の場面でも同じように大切だ。親しい相手は、そこにいるのが当然だと思いがちだ。会ったり話をしたりすることに慣れてしまい、相手の言葉の真意を汲みとることや、良し悪しを問わず、相手がしてくれたことに感謝することを忘れてしまう。友情や敵意などの個人的感情、あるいは単なる無関心が邪魔をするのだ。親しいがゆえに生じるこうした問題には、二つの側面がある。ひとつは、相手の言っていることを聞かないというものだ。これは誤解や勘違い、間違いなどを引き起こす。もうひとつは、フィードバックをしないというもので、自分が相手に注意を払っていることを相手に伝えることができない。

④リスクが大きくても相手を信頼する能力。身を守るためには、相手を信用しないことももときには必要だ。しかし常に周囲を監視し、人を疑いながら生きるのでは、失うものが多すぎる。相手を信用しすぎれば、だまされ、失望することもあるかもしれない。しかし長い目で見れば、たいていの人間は無能で不誠実だと決め込むよりも賢明である。

⑤他者の賛同や評価がなくても行動できる能力。とくに仕事の場面では、たえず賛同してもらえ

なければ何もできないのでは業務に支障がでるし、生産性も下がる。リーダーにとって大事なのは、自分を好いてくれる人の数ではなく、周囲の人々と力を合わせることで、どれだけいい仕事ができるかだ。心の知恵を持つリーダーは、「よい人」であることにこだわりすぎると、仕事の質が下がることを知っている。何より、リスクをとることはリーダーの重要な仕事だ。そしてリスクは、その性質上、全員に歓迎されるとはかぎらない。

肯定的自己観は、どこででも見つかるものではないし、どこにでもあるわけでもない。身につける方法もはっきりしない（ただし、この点については最終章で改めて取り上げる）。我々の研究から明らかになったことをひとつ挙げるなら、肯定的自己観を理解し、それを身につけることは、望ましくない人間の資質から目をそむけることではないということだ。むしろ、それは人間の可能性を理解するための視座を与えてくれる。肯定的自己観を持つことは、すばらしい組織、偉大な組織をつくるためのひとつの方法なのだ。

戦略Ⅳ　自己を創造的に活かす：②ワレンダ要因

私の人生は綱の上にある。綱渡りをしていない時間は、待ち時間にすぎない。

——カール・ワレンダ（一九六八年）

ほとんどの人は、「自分は成功できる」と本当には信じていない。始める前から、自分には力がないと感じているのだ。白人が黒人を抑えつけているのではない。我々から就職や教育の機会を奪っているのではない。我々には、この社会のなかで自分の人生を切り開く力がある。だから、すべてを制度のせいにするのはやめよう。我々の邪魔をしているのは、失敗するのではないかという恐怖なのだ。

——ジョン・H・ジョンソン（「エボニー」発行人）

我々が研究したリーダーの資質のなかでも、とくに印象的で忘れがたいのは、おそらく失敗に対する対応の仕方だ。稀代の綱渡り芸人として知られたカール・ワレンダ（彼は綱渡りのたびに命を危険にさらしていた）のように、リーダーたちも全身全霊で自分の仕事に取り組んでいた。失敗のことなど考えもしなかった。「間違い」、「不具合」、「へま」、「フライング」、「混乱」、「やり直し」、「しくじり」、「後退」、「エラー」といった同義語は使っても、「失敗」という言葉は使わなかった。失敗することなど、ありえないからだ。

あるリーダーは「失敗とは、ものごとをやりとげる方法のひとつにすぎない」と言い、別のリーダーは「リーダーシップの定石があるとしたら、それは短期間にできるだけ多くの失敗をして、そこから学ぶことだ」と言った。ハリー・トルーマンの有名な言葉、「愚かな決断をしてしまったときは、必ずもうひとつ、別の決断を下すことにしている」を引用したリーダーもいる。

ワレンダは一九七八年に墜落死した（プエルトリコのサンファンの繁華街で、地上二三メートルの高さに張った綱から落ちた）。その後まもなく、やはり綱渡り芸人だった彼の妻は、その日の綱渡りを「おそらくは、これまででもっとも危険なものだった」と回想している。「当日までの三カ月間、カールが考えていたのは〝落ちること〟だけでした。彼がそんなことを考えたのは、あのときが初めてです。まるで綱を渡ることではなく、落ちないことに全力を注いでいるようでした」。その日のワレンダは、スタッフが綱を張るのを自ら監督し、綱の強度を確かめることまでした。夫人よれば、それは「以前の彼なら考えもしなかったこと」だった。

この話を、成功したリーダーへのインタビューから得た教訓と照らし合わせると、綱を渡ることよりも落ちないことに全力を注いだ時点で、ワレンダは失敗する運命にあったことがわかる。

工学・建設・化学製品の総合企業、コッパーズカンパニーの元社長フレッチャー・バイロムが語ってくれたエピソードは、ワレンダ要因の実例と言えるだろう。「もっとも難しかった決断」についてたずねられたとき、彼は次のように答えた。

私には、難しい決断というのがどういうものなのかわかりません。変わり者なのかもしれませんが、心配するということがないのです。決断を下すときはまず、決断を誤る可能性は高いと考えます。でも私にはベストをつくすことしかできない。心配は、冷静な思考を妨げるだけです。

もうひとり、デポール大学を四二シーズン連続優勝に導いた大学バスケットボールの最多優勝コーチ、レイ・メイヤーの例も紹介しよう。ホームコートでの連勝記録が二九試合で止まったとき、我々は彼に電話をかけ、そのことをどう感じているかとたずねた。彼の答えは、ワレンダが生き返ったら言いそうなことだった。「いい気分だよ！　これからは負けないことではなく、勝つことに集中できるからね」。メイヤーは、我々が「ワレンダ要因」と呼ぶものを鮮やかに表現してくれた。それは前向きな目標を持つこと、後ろをふりかえり、起きてしまったことの言い訳を探すのではなく、目の前の任務に全力を注ぐことだ。

多くの人は「失敗」という言葉から、変えられない結果、死体のように動かないもの、なすすべもなく落胆している様子を連想する。しかしすぐれたリーダーにとって、失敗は始まりにすぎず、その先には必ず希望が待っている。

リーダーとのインタビューから、その例をいくつか紹介しよう。ロサンゼルスの元市長、トム・ブラッドリーは州知事選挙で落選したことについて聞かれたとき、こう答えた。

もちろん、選挙の結果にはがっかりしました。わずかな差でしたからね。でも競争に負けるのはこれが初めてではありません。そのたびに私は立ち上がりました。踏みこたえてきました。今回も例外ではないでしょう。政治の世界から身を引くつもりはまったくありません。選択肢は残しておくつもりです。もちろん、次の知事選挙に出馬することもそのひとつです。

ブロードウェイのプロデューサー、ハロルド・プリンスは、自分の作品がブロードウェイで上演されると、きまって初日の翌朝に記者会見を開いた。新聞の批評を読む前に、もう次の作品の計画を発表するのだ。

しかしワレンダ要因をもっともよくあらわしていたのは、クエイカーオーツの社長、ウィリアム・スミスバーグのエピソードだろう。彼は二度にわたって手痛い「失敗」を経験した。ひとつは小さなビデオゲーム会社の買収（現在は閉鎖）、もうひとつはフランス製のペット用アクセサリー会社の買収（現在は清算）だ。彼はその両方に対して責任をとり、自社の六〇人の食品マーケターを集めた会議でこう言った。「わが社のシニアマネジャーのなかに、失敗した製品と無縁だという者はひとりもいない。私もそのひとりだ。ビジネスはスキーを学ぶのと似ている。転ばなければ、滑れるようにはならない」

彼らが口をそろえて指摘しているのは、失敗と学習の関係だ。失敗を歓迎しているわけではないにせよ、彼らはたしかに失敗から何かを得ていた。矛盾から生まれるエネルギーを、より高い目標を達成するために活用していた。ほぼすべての「失策」は、世界の終りではなく、ひとつの機会と見なされた。自分は必ず——さらに重要なことには組織も——ビジョンを実現する方法を学べると確信していた。

前向きに行動することの大切さは、多くの場合、経験をとおして学習される。たとえばノートンサイモンのハロルド・ウィリアムズは、リーダーになるうえでもっとも役に立った経験として、新社長の候補から外されたときのことを話してくれた。

私は憤慨し、そんな選択をした人々の愚かさに心底がっかりして、自分の不運をうらみながら、うつうつとした日々を送っていました……それからしばらくして、古い友人に会う機会がありました。近況をたずねられたので事情を話すと、彼はこう言ったのです。「彼らが正しかったのかもしれないと考えてみたことはないのかい?」。そんなことは思っ

てもみませんでした。でもそのとき初めて、その可能性を考えてみたのです。すると、こんな声が聞こえてきました——もしかしたら、彼らの選択にも一理あったのかもしれない、と。これが私にとっての、もっとも重要な学習経験です。それでも他の選択があったはずだという思いは消えませんでしたが、彼らの選択も理解できなくはありませんでした。この一件から、私はいくつかのことを学びました。そして次の機会には、もう候補から外されることはありませんでした。

重要な行動を起こしたときは、たいてい批判もされるものだ。批判されれば当然、いやな気分になるが、リーダーには批判を受け入れる度量が必要だ。肯定的自己観が確立されているかどうかを確認するのに、これ以上のテストはない。そして的を射た批判ほど、受け入れるのは難しい。

ワーナー・エアハードのエストセミナーは人気を博し、衆目を集めたが、なかには誹謗中傷や根拠のない非難もあった。彼はこうした批判に対処する方法について、次のように語っている。

——攻撃から逃げるのは、誠実な行為ではないと思えました。しかし「攻撃」の威力があまりにも強いと、直面する気力がなくなってしまうものです。批判に打ちのめされた人を私は何人も見てきました。(批判を受けたあとに) 彼らの口から出てくるのは、批判に対する言い訳ばかり。その場には、彼らを批判している人などひとりもいなくてもです。ですから、まず大事なのは攻撃から逃げないことです。

しかしそれでは、攻撃を無視するという選択肢が残ります。私の考えでは、これも同じくらい有害です。誠実な人間でいられませんから。攻撃は何らかの方法で、自分のなかに取り込まなければならない……受け入れるのです。受け入れるというのは、相手に「同意する」ことではありません。相手が自分を攻撃するのを「許す」ということです。この道を行くなら、批判は避けてとおれません。

そして次にこう考えます。「これをどう利用できるだろう。どうすれば、この攻撃を成長に役立てられるだろうか」。攻撃されたおかげで、間違いをおかさずにすんだこともたくさんあります。たとえば自分がしてもいないことを責められて、そのような行為は批判されるのだと気づいたこともありました。逆に、そうした行為の妥当性を検討したり、あえて相手の言っているとおりに行動したりしたこともあります。

そして攻撃が的を射ている場合……実際には、これが一番やっかいでした。「そのとおり。私は愚かにも間違いをおかした」とはなかなか言えないものです。私はいつも、少なくともほとんどの場合は、自分の間違いは正そうと努めています。もっとも、それ（批判を受け入れること）は批判と対決するのを避けるためでもある。このように適切な批判は、自分の弱点を直視する機会になるという意味で、非常に有益です。

ワレンダ要因とは、基本的には学ぶことだ。そして「学ぶ」とは、「挑戦する」という言葉を一般化したものである。

学習には「失敗」がつきものであり、失敗からまた学習が始まる。ここからすべての組織にあてはまる一般法則をみちびきだすとすれば、「妥当な失敗に怒りで応じてはならない」ということだろう。哲学者のスピノザも、これによく似た原理を述べている。人間が到達しうる最高の活動は「学習」、スピノザの言葉を使うなら「理解」だ。理解することは自由になることである。他者の失敗に怒りで応じる人は、その人自身が感情にとらわれているのであって、そのような人は何も学ぶことはできないとスピノザは言う。

ＩＢＭの創立者で、四〇年以上にわたって同社の精神的支柱となってきたトム・ワトソンは、何年も前から、おそらくはそうと知らずに、このスピノザの原理を実践していた。

あるとき、ひとりの有望な若手マネジャーがリスクの高い事業を手がけ、一〇〇〇万ドルを超える損失を出した。惨憺たる失敗だった。そのマネジャーはすっかり萎縮し、ワトソンに呼ばれて社長室に入るやいなや「解雇通告ですか」と言った。これに対して、ワトソンはこう答えた。「何を寝ぼけたことを言っているんだ。君の教育に一〇〇〇万ドルを使ったばかりだというのに」

人を率いるのは、確かに高給が支払われる「仕事」だが、リーダーの真の報酬、彼らが本当に価値を見出すものは、冒険や遊びの感覚だ。彼らはインタビューでも、自分の仕事をまるで科学者のように、「新しい宇宙を探索する」、「問題を解決する」、「これまでにないものを設計(発見)する」といった言葉で語った。

探検家や科学者、あるいは芸術家のように、リーダーも「自分の仕事」という限られた領域に集中している。このようなときには、個人的問題は忘れられ、時間の感覚は失われ、自分は必要な能力とコントロールを手にしているという感覚がわきあがってくる。そのときのリーダーは、自分のしていることを純粋に楽しんでいる。自分の活動が生産的かとか、報われるかとか、うまくいくかとかいったことはまったく気にしていない。要するに、綱を渡っているときのワレンダと同じ状態にあるのだ。

では、これまでに述べてきた自己管理の二つの要素を、ひとつの理論にまとめてみよう。肯定的自己観とワレンダ要因は、どちらも結果と関わっているが、自己観では「自分はどれくらい有能か。自分には必要な資質が備わっているか」が基本的問題となるのに対して、ワレンダ要因では「できごとの結果をどうイメージするか」がポイントになる。

この二つを否定的に捉えた場合を考えると、わかりやすいだろう。たとえば、自分には職務を遂行する力がないと思っている人は、挑戦するのをあきらめてしまう。これが否定的自己観だ。一方、能力はあっても、よい結果は期待できないと考え、挑戦するのをやめてしまうのは、カール・ワレンダが風や綱の状態が悪いという理由で、綱渡りを中止するのと似ている。

参考になりそうな例をもうひとつ挙げよう。曲りくねった山道では運転できないと考えているドライバーは、車が大破し、ケガ人が血を流しているイメージを思い浮かべる。それに対して運転に自信のあるドライバーは、車の残骸ではなく見晴しのいい景色を思い浮かべる。ほとんどの場合、人々が予測する社会的反応は、その人自身が自分はどれだけ巧みに行動できると考えているかで決まる。

ワレンダ要因は、自分の能力よりも、むしろできごとの結果に対する判断と関係している。一般に、組織が手がける事業（大型投資や重要な買収など）の成否は、担当者の自己観とは別の部分で判断されることが多い。簡単に言えば、自己観が自分の能力に対する主観に左右されているのに対し、ワレンダ要因は外部の条件に左右される。外部の条件がもたらす結果が固定されている場合（ある程度の仕事さえすれば、あとはいくら仕事の効率を上げようと、同じ額の給与が支払われる場合など）、期待される結果は自己観とは別の部分で決まるが多い※。

図2◉ワレンダ要因と自己観の関係

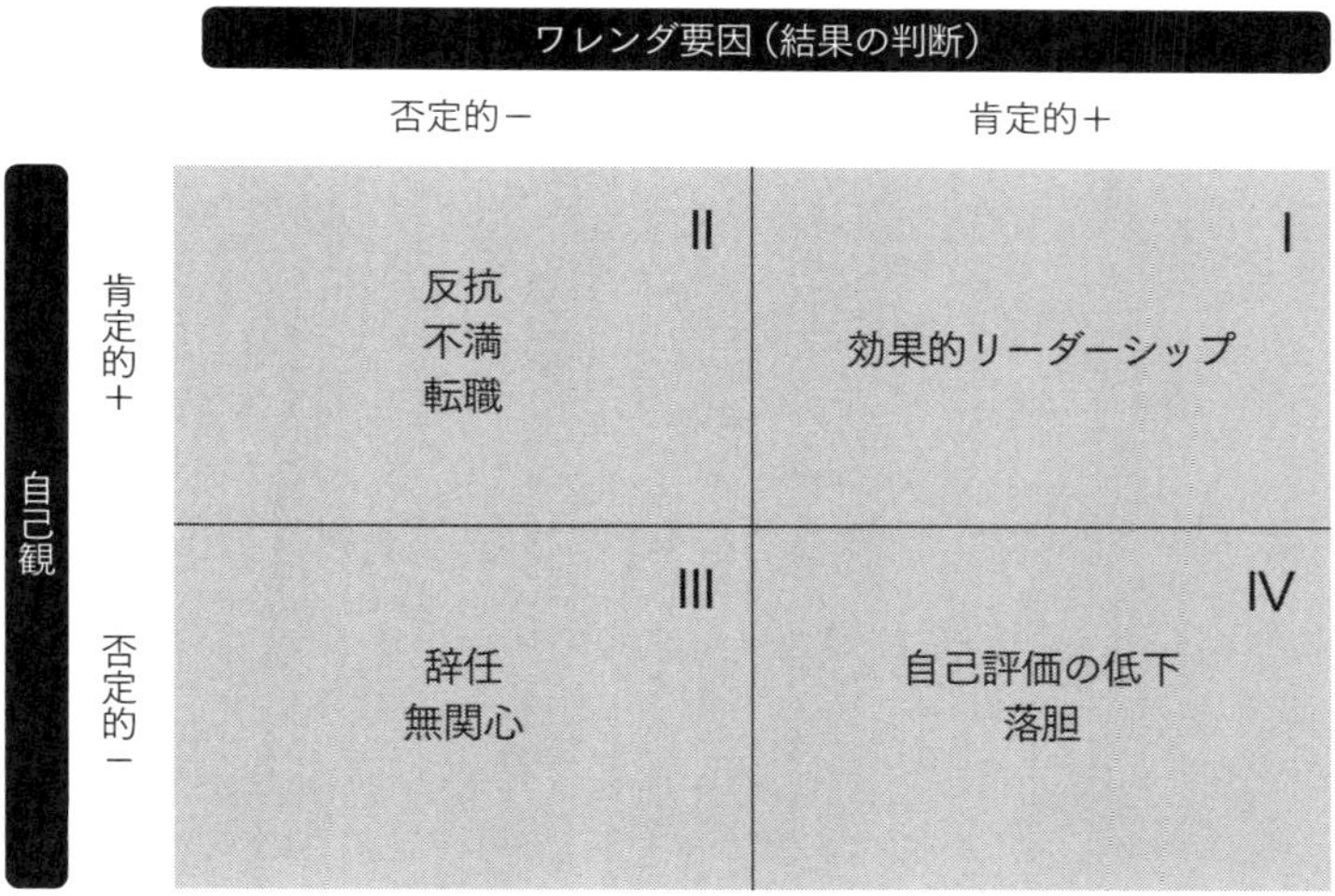

	ワレンダ要因（結果の判断）	
	否定的 −	肯定的 ＋
自己観 肯定的＋	II 反抗 不満 転職	I 効果的リーダーシップ
自己観 否定的−	III 辞任 無関心	IV 自己評価の低下 落胆

すぐれたリーダーになるためには、肯定的自己観と望ましい結果を期待する楽観性の両方が必要だ（上図参照）。我々がインタビューしたリーダーたちは、そのよい例だった。九〇人のリーダーは、我々が折にふれて考えてきた、仕事と遊びの美しい融合を体現していた。それはロバート・フロストの詩に登場する、「愛とニーズがひとつになる場所」だ。

偉大なリーダーとは何かという問いに、我々はこう答えたい。それは人と矢と的とが一体になるほどに腕を磨き、もはや的を射ようという欲求さえなくなった、無心の弓術家のようなものである、と。そのようなリーダ

※この部分の分析はアルバート・バンデュラの著作を参考にした。[*5]

ーは自分自身に利益をもたらすだけでなく、他者を引きつけ、力を与え、ともに綱を渡りたいという気持ちにさせることで、組織にも社会にもよい影響を与える。

パワーを与え合う

率いるためには、従わねばならない。

——老子

ここで我々は、きわめて本質的な問題に直面する。それは、「このようなリーダーシップは従業員にどのような影響を与えるのか」というものだ。リーダーは創造する人であると同時に、追いかける人でもある。別の言い方をすれば、リーダーは「意図を実現し、それを維持するための力を人々に与える人」だ。

リーダーはパワーを手放すべきだとか、フォロワーは常に権威に挑戦しなければならないと言っているわけではない。我々が言いたいのは、パワーは交換されるもの、創造的で生産的で双方向的なやりとりのなかで、活発に交換される〝通貨〟にならなければならないということだ。

有能なリーダーはパワーの逆、すなわち「エンパワーメント（力を与えること、権限委譲）」

という シンプルな行為によって、人々の努力がもたらす実りをさらに豊かなものにする。パワーはリーダーから部下へ、そしてふたたび部下からリーダーへと移動する。リーダーと部下は互いの力を借りながら、指揮者と演奏者のように美しいハーモニーを奏でる。この双方向の動きが独自のリズム、独自の活力と勢いを生みだす。

リーダーシップでは、人々を「押す」よりも、「引きつける」ことが重要になる。引きつけるタイプのリーダーは、刺激的な未来のビジョンに人々の注意を集中させ、そのビジョンを実現するための力を彼らに与える。報酬でも懲罰でもなく、一体感によって人々を動機づける。本書に登場するリーダーたちは、組織が目指している理想を明確に伝え、それを体現している。その理想を実現可能で価値あるものと見なし、そのビジョンに自分（とメンバー）を結びつけている。

人を率いるという仕事を、リーダーがどれだけ果たせているかを知りたいなら、率いられている人々の態度を見ればいい。我々の研究では、人々の態度はエンパワーメントの四つの要素にあらわれることがわかっている。

各要素を解説する前に、まずはこのような理解に至ったいきさつを説明しよう。あれはハロルド・ウィリアムズとのインタビューの最終日だった。彼は少し前に証券取引委員会（SEC）の委員長の座を退き、ロサンゼルスのセンチュリーシティにある高層ビルの上層階に、新しい事務所を開いたばかりだった。SECでの日々をふりかえりながら、彼は自分の演説集を誇らしげに見せてくれた。SECを去るときにスタッフから贈られたという、美しい革張りの本だ。表紙を開くと、そこにはスタッフの寄せ書きがあった。

「最高に楽しい日々でした！——ラルフ」

「私の仕事人生をふりかえっても、あなたとすごした日々ほど、すばらしいものはありませんでした。あなたがSECでの仕事を終えられたあとも、この経験は長く私のなかに残るでしょう。——エミー」

「あなたは他の誰とも違う方法で私たちを理解し、私たちの仕事人生を意義のあるものしてくださいました。——マーク」

「順調なときもあれば、そうでないときもありましたが、すべてが学習と成長の経験でした。私たちはあなたから思慮深い判断と時代の感覚をつかむことの大切さ、そしてそれを育て、伝える方法を学びました。楽しいことばかりでした。感謝！——ジョージ」

「私にとって、あなたとの仕事はすばらしい社会教育でした。あなたにとっても楽しく、刺激的な日々だったことを祈ります。——ダン」

スタッフの言葉を注意深く調べていくと、エンパワーメントの正体が少しずつ明らかになっていく。

エンパワーメントは四つのものからなる。第一の要素は「意義」だ。たとえばマークは、我々が話を聞いた多くの従業員と同様に、自分は組織や世界に貢献していると感じていた。有能なリーダーは、人々に自分は社会の「中心」にいるという感覚を与える。といっても、地理上や組織図上の中心に彼らを置くのではない。組織（とそこで働く人々）を、意義ある活動に従事させるのだ。それは組織がすぐれたアイディアと出会う場、人々の生活に大きな影響を及ぼすできごとが起きる場だ。「意図を実現する」とは、そのような場や、そこで起きる重大なできごとに参加することであり、迎合するのでも独善的にふるまうのでもなく、ただものごとの核心部分にいることである。それは、フリトレーのCEOウェイン・キャロウェイにとっては、「フリトレーのチップスをコロラド州レッドビルの小さな食料品店の棚に並べること」であり、ニール・アームストロングにとっては、最初に月面に到達したロケットに乗り込むことだった。

エンパワーメントの第二の要素は「能力」、つまり仕事をとおして成長し、学ぶことだ。ダンが書いているように、仕事は「すばらしい社会教育」である（同じ言葉は他にも多くの人から聞かれた）。ウィリアムズはスタッフが自分の成長を実感し、視野を広げられるようにすることで、彼らの能力を育て、全員が組織の目標を共有できるようにした。

第三に、スタッフには「家族」やコミュニティの感覚があった。全員が、自分たちは同じ目標を目指していると感じていた。このことは寄せ書きの文章からは伝わってこなくても、組織に対する彼らの見方にあらわれていた。ここで我々が言っているのは、個人的な「好き嫌い」の話ではなく、共通の大義を実現するために全員が支え合っているという感覚だ。インテルの重役が語った「力を合わせて複雑な仕事に挑み、それを成し遂げたときに感じる不思議な高揚感」もそのひとつだろう。

エンパワーメントの第四の要素は、「喜び」、あるいは単に「楽しい」という感覚だ。この感覚はウィリアムズへのメッセージのほとんどに見られただけでなく、我々がインタビューした多くの組織の従業員からも聞かれた。このことからも、リーダーは常に懲罰をちらつかせるべきだとか、アメとムチで部下を管理すべきだという考えは間違っていることがわかる。

古いモチベーション理論は、人間が基本的ニーズを満たすために先天的・後天的に示す反応を限定し、人間は限られた数の経験やものからしか喜びを得られないと決めつけた。その結果、人生は本質的に苦しいものと見なされるようになった。もし喜びをもたらすものがわずかしかないなら、それをめぐって競争が起き、結果として一握りの人しか満足を得られず、しかもそれは一時的なものでしかないということになる。喜びや楽しさをニーズの充足という視点のみからとらえる行動理論は、それを主張しているのが経済学者であれ行動主義者であれ、「すべてのニーズを満たすことはできない」という結論に至る。このパラダイムがいかに破壊的で絶望的な状況を生みだしたかは、詳しく述べる必要さえないだろう。

しかし権限を与えられれば、人々は仕事というゲームに夢中になり、基本的ニーズのことなど、すっかり忘れてしまうものだ。基本的ニーズの充足を第一に考える人々は、報酬を不可欠のものと考えるが、十分な報酬がなくてもさまざまな活動に従事している人は多い。もしこれが事実なら（我々はそう信じているが）、すべてのものや経験は楽しみに変えられるし、少なくとも喜びの源になる可能性はあるはずだ。喜びは、何からでも得られる。エンパワーメントは仕事人生の質だけでなく、人生そのものをも豊かにしてくれるのだ。

組織のリーダーとしての実行計画

続く四つの章では、本章で概観してきた四つの戦略をひとつずつ取り上げ、「変革的リーダーシップ」と「エンパワーメント」に対する我々の考えを明らかにしていきたい。そこで次章からは、さまざまな個性を持つ個人としてのリーダーから、組織のリーダーに重点を移す。もっと正確に言うなら、リーダーの質から組織の質に焦点を移すということだ。そうすることで我々の理論の実践方法、もっと簡単に言えば、リーダーが組織に力を与える方法を明らかにしていきたい。

3章では、適切で説得力のあるビジョンをつくる方法を取りあげ、続く4章では、「ものごとの意味を管理する」ことによって、どうすればビジョンを実現する組織構造を構築できるのかを考察する。5章では、組織を社会の適切な場所に位置づける方法と、複雑であいまいで不確実な環境のなかで、いかに主要な構成員と関係を築き、その関係を維持管理していくかを検討する。そして6章では「組織学習」の問題、つまり「自己を活かす」ことと組織の関連性を考察する。

これらの章は、多かれ少なかれ本章で触れたテーマと関わっており、それを土台に展開される。このあとの章を読むにあたって、心に留めておいてほしいのは、とくに疑いと不確実性にさいなまれている現代のような時代には、リーダーが組織の求めているものを知り、それを伝えること、組織を適切な場所に位置づけること、従業員に力を与えることが、きわめて重要になるということだ。

単純な法則に思えるかもしれないが、実践するにはそれなりのスキルがいる。その方法は、このあとの章で伝授していこう。

3 戦略Ⅰ 人を引きつけるビジョンを描く

デュラント氏とフォード氏はどちらも、たぐいまれなビジョン、勇気、想像力、先見の明の持ち主だった。今なら二日で生産できる数の車を一年かけてもつくれなかった時代に、二人は自動車の未来にすべてを賭けた……そしてどちらも、今に続く偉大な組織をつくりあげた。

——アルフレッド・P・スローンJr

私には夢がある。

——マーチン・ルーサー・キングJr

一九二八年、ウィリアム・ペイリーが若干二七歳の若さでCBSの経営者になったとき、CBSは独自の放送局すら持たない、赤字続きのネットワークだった。当時の放送界はNBCが一牛耳っており、CBSなどものの数にも入らなかったが、ペイリーがトップに就任すると、一〇年後には一一四の放送局を持ち、二七七〇万ドルの収益を上げるまでになった。そして四〇年以上がすぎたころには、引き続きペイリーの指揮下で、ＣＢＳは放送界の雄となった。ジャーナリストのデービッド・ハルバースタムは、ペイリーの能力を次のように描写している。

最初の数年が鍵だった。ペイリーには最初からビジョンのセンス、先を見通すセンスがあった。会社は倒産寸前だったが、ニューヨークにあるちっぽけなオフィスから彼が見ていたものは、目の前の机やマディソン街にいならぶ未来のクライアントだけでなく、そのむこうにいる何百万人もの米国人だった。

当時はまだ電気の引かれていない家も多く、ラジオ以外に何の娯楽もないまま、孤独な日々を送っている人が大勢いたが、彼は自分なら彼らの心をとらえられる、何かを提供できると感じ、そのことに自信も持っていた。それが他の人と違ったところだ。

現実にはひとりのリスナーもいなかった時代に、彼は大勢の聴衆を心に描くことができた。しかも、そのビジョンを利用する方法も知っていた。リスナーが増えれば、番組にＣＭを打ちたがる企業が増え、それがＣＢＳに利益をもたらすことを知っていたのだ……リスナーを増やして、より多くの時間を売る——この目標を達成するために、彼はある手を打った。打つというより、差し出したというべきだろうか。ＣＢＳの番組を、系列の放送局に提供したのだ。*1

我々がインタビューしたリーダーたちも、組織の長になったときは同じことをしたと口をそろえた。つまり、今起きていることに注意を払い、そのなかから組織の未来にとって重要なものを見つけ、新しい方向を定め、全員の関心をそこに集中させるのだ。これがリーダーシップの普遍原則であることに、我々はすぐに気づいた。この原則は企業のリーダーだけでなく、オーケストラの指揮者や軍隊の司令官、フットボールチームのコーチや地域の教育長にもあてはまる。

簡単なことだと思うかもしれないが、それは違う。組織の未来にとって何が重要なのかを、リーダーはどうやって知るのか。どうやって新しい方向を選ぶのか。これは十分に検討すべきテーマだ。しかし、まずはこの原則がなぜ有効なのか、なぜすぐれたリーダーシップにとって欠かせないものなのかを説明していこう。

ビジョンなき組織に未来はない

進むべき方向を選ぶためには、組織にとって望ましく、実現可能な未来のイメージを思い描かなければならない。このイメージを我々はビジョンと呼ぶ。それは夢のようにあいまいなときもあれば、目標やミッションステートメントのように明確なときもあるが、大事なのは組織にとって現実的で、信憑性があり、魅力的な未来をはっきりと伝えているか、いくつかの重要な点で、今よりもよい状態が描かれているかだ。

ビジョンとは、人を引きつける的《まと》である。ジョン・F・ケネディが一九七〇年までに人類を月に送るという目標を定めたとき、あるいはビル・ゲイツがすべてのオフィスと家庭にコンピュータを届けると誓ったとき、両者は実現可能で価値ある目的に集中していた。ビジョンが描いているのは「未来」の状態、つまり現在には存在せず、過去にも存在しなかった状況だということにも留意しよう。リーダーはビジョンによって、組織の現在と未来をつなぐ重要な橋をかけるのだ。

そもそも組織はなぜつくられたのかを考えれば、リーダーシップの成功にビジョンが欠かせない理由もわかる。組織とは、ある共通の活動に参加している人々の集まりだ。人々がその活動に参加したのは、見返りを期待したからである。見返りの中身は組織やそこに関わる人によって違う。経済的な報酬が大部分を占めることもあれば、心理社会的な報酬（地位、自尊心、達成感、生きがいなど）が中心になることもある。同じように組織も、社会の適切な場所に自らを位置づけることで見返りを得る。ここでも、見返りには経済的なもの（利益、成長、資源

への アクセス）と心理的なもの（権威、正当性、パワー、認知）がある。

このように、個人は組織に参加することで、また組織は社会のなかに適切な居場所を見つけることで、できるかぎり多くの見返りを得ようとする。組織の目的、方向、望ましい未来の姿が明確で、なおかつそのイメージが組織全体で共有されていれば、従業員も自分が組織や社会のなかで果たすべき役割を見つけられる。自分は価値ある活動に参加していると思えば、力や自信がわいてくる。

指示に従うだけのロボットから、創造的で有意義な活動に取り組むチームの一員になるとき、人は自分を価値ある人間だと感じるようになる。組織に参加することで、自分には変化を起こし、社会をよりよい場所にする力があると思うようになる。そのような人は自分の仕事に熱心に取り組むため、相乗効果で組織全体のパフォーマンスも高まる。こうして全員のエネルギーがひとつの目的に集約されたとき、組織が成功するための重要な条件が整う。

多くのコンサルタントは、このようなエネルギーの有無は、会社に足を踏み入れた瞬間にわかると言う。ポラロイドがエドウィン・ランドの指揮下で写真の新時代を切り開いたときにも、スターバックスがハワード・シュルツのもとでシアトルのちっぽけなコーヒー店から米国を代表するスペシャルティコーヒー・チェーンへと姿を変えたときにもあったこのエネルギーは、情熱、コミットメント、誇り、勤勉さ、期待を超える仕事といった形であらわれることが多い。

しかしコングロマリット（巨大複合企業）のなかには、この種のエネルギーを完全に欠いているところが少なくない。多種多様な取引が毎月のように始まる環境では、従業員にはまるで経営方針がくるくる変わっているように、あるいは完全に方向性を見失っているように見えるのだ。

未来のビジョンが共有されているかどうかは、組織や部署の能力をはかる尺度にもなる。共通のビジョンがあれば、組織のためになるものとそうでないものを見分け、価値ある目標を設定できる。しかし最大のメリットは、意思決定を分散できることだ。最終的に求められる結果がわかっていれば、難しい判断もいちいち上司に相談せずに下せる。つまり未来のビジョンを共有し、権限を委譲することで、組織は人々の行動に影響を与え、方向づけ、連係させることができるのだ。

ヒューレットパッカードの元社長、ジョン・ヤングは次のように述べている。「業績のいい会社では、経営陣から一般社員まで、全員が会社の目標に合意しています。こうした合意がなければ、どんなにすぐれた経営戦略も失敗に終わるでしょう」[*2]

以上のことから、リーダーとマネジャーの明白な違いをみちびきだすとすれば、それは次のようなものになる。リーダーは人々の関心をビジョンに引きつけることで、組織の感情的・精神的資源（価値観、コミットメント、やる気など）を組織運営に活用する。それに対して、マネジャーは組織の物理的資源（資本、技能、原料、テクノロジーなど）を使って組織を運営する。有能なマネジャーなら、従業員の給与を確保する程度の結果は出せるだろう。もっと有能なマネジャーなら、仕事の質、スケジュール、生産性、効率もしっかりと管理できるはずだ。しかし従業員が仕事に誇りと満足感を持てるようにするのは、マネジャーではなくリーダーの務めである。偉大なリーダーは仕事の意義を明確に示すことでフォロワーの力を引き出す。重要な存在でありたい、違いを生みたい、世の中の役に立ちたい、成功をおさめている有意義な活動に参加したいという、人間の根源的な欲求に訴えるのだ。

これだけのメリットがあるなら、どの組織も未来のビジョンを明確に描こうとするはずだと思うかもしれない。しかし現実は違う。実際には多くの組織が、あいまいで一貫性のないビジョンを掲げている。なぜか？　主な理由は次のとおりだ。

- この数十年間で、家族の役割、生活の質、労働倫理、企業の社会的責任、マイノリティの権利など、かつては不変と思われてきた価値観や制度に、新しい重要な解釈が加えられた。
- 遠距離通信と高速輸送が普及し、モノやアイディア、仕事、資源などへの相互依存度が世界規模で高まった。
- 革新のスピードが速まり、専門化が進んだ。その結果、専門分野の異なる労働者をまとめるというやっかいな仕事が生まれた。
●新しい社会形態や社会規範に関心を持つ人が増え、ライフスタイルや製品に対する嗜好が多様化した。
●かつては経営陣がすべてを決めていたが、労働者が組織の意思決定に参加する権利を求め、手に入れるようになった。

これらの要因によって、今日の世界はいっそう複雑さを増している。不確実性は高まり、多くの組織がいくつもの矛盾するイメージを抱えるようになった。組織の規模が大きいほど、イメージの数は増え、やりとりは複雑になり、重点はめまぐるしく変わっていく。

こうした変化は組織を混乱させ、近視眼的な行動を招く一方で、ビジョンの必要性をますます高めている。未来に対する一貫したビジョンがなければ、現代の組織は空中分解しかねない。長い歴史を持つ巨大企業イーストマンコダックが、モトローラからジョージ・フィッシャーを引き抜いた理由もここにある。長年の競争によって、同社はカメラ、フィルム、フィルム現像といった伝統市場での優位を失い、普通紙コピー機などの新市場でも存在感を示せずにいた。進むべき方向を絞れなかったために、身動きがとれなくなっていたのだ。二一世紀のテクノロジーであるデジタル写真と、その周辺事業に向かって大きく舵を切るためには、まったく新しいビジョンが必要だった。具体的には画像処理以外の事業の売却、デジタルカメラの開発、マイクロソフトやIBMといったハイテク企業との戦略的提携である。

しかしそのようなビジョンをリーダーはどこから得ればいいのか。

過去や先達に手がかりを求める

歴史家は偉大なリーダーを、並外れた能力の持ち主、目には見えない神秘的な力を使ってビジョンや運命的なできごとを生みだす天才として描きがちだ。なかにはそのようなリーダーもいるかもしれないが、ていねいに調べていけば、たいていのビジョンはリーダー自身が考えたものではなく、むしろ他の人々に由来していることがわかる。

たとえばハロルド・ウィリアムズは、UCLA（カリフォルニア大学ロサンゼルス校）経営大学院の学長に就任した当時をふりかえって、「実質的に、大学院の新しいコンセプトをまとめたのは教授陣でした。彼らにはビジョンがあったのです」と述べている。

リーダーがビジョンを求める場所はさまざまだ。ジョン・ケネディは歴史書を読み、偉大な思想家の考えを学ぶことに多くの時間を費やした。マーチン・ルーサー・キングJrは、自分や他の民族の伝統だけでなく、宗教や道徳の思想も研究し、独自の思想を練り上げた。レーニンはカール・マルクスの仕事に大きな影響を受けたが、これは現代の多くのリーダーが著名な経済学者や経営学者の著作から影響を受けているのと同じことである。アルフレッド・P・スローンが描いたGMの未来は、当時主流だった「アメリカンドリーム」という文化的パラダイムと、そこで資本主義が果たす役割に大きな影響を受けていたし、マイクロソフトのビル・ゲイツとインテルのアンドリュー・グローブは論理的思考、とくに既存の技術の限界に目を向けることでビジョンをつくりあげた。

どのリーダーも、そのときに存在した複数のイメージのなかから最適のものを選び、それを明確に伝え、ビジョンに形と正当性を与えることで人々の関心を引きつけたが、そのビジョンを考えたのがリーダー自身だったことはほとんどない。この事実が示しているように、リーダーはすぐれた聞き手でなければならない。とくに新しい現実に対して、他の人とは違う、新しい見方を提唱している人には慎重に耳を傾ける必要がある。新しいアイディアを聞き漏らすまいと、公式・非公式のコミュニケーションチャネルを用意しているリーダーも多い。また、ほとんどのリーダーはアイディアを得るために、組織の内外の人々、たとえばアドバイザーやコンサルタント、他のリーダーや学者、プランナーなどと積極的に交流している。我々の知るかぎり、成功するリーダーは「質問のうまい人」であり、常に周囲に注意を払っている人だ。

ひとつ典型的な例を考えてみよう。自分がカリフォルニア州の地方銀行の経営をまかされたと考えてほしい。取締役会は、他の州で小さな銀行を成功させた実績を持つあなたのリーダーシップに期待している。この新しい環境で、銀行が向かうべき方向を見出すにはどうすればいいのか。適切なビジョンを描くためには、誰にどのように注意を払えばよいのか。

基本的に、参考にできる場所は三つある。過去、現在、そして未来だ。順に検討していこう。

過去

まず考えつくのは、他行での経験をふりかえり、現在の状況に利用できそうな類似点や前例を探ることだ。次は他の銀行経営者と会って、彼らが試した方法を学ぶ。自分が率いている銀行の歴史も調べる必要があるだろう。そうすれば、これまでの経緯や過去の成功と失敗の原因を理解できる。ただし、そのためには重役から一般行員まで、社内のさまざまな人の話を聞かなければならない。

そうしているうちに、今の銀行や過去に勤めた同様の銀行でうまくいったこと、いかなかったことをイメージできるようになる。これまでのやり方を続けた場合に、今の銀行が影響を受ける可能性のある長期的なトレンド（預貯金や融資の傾向など）も見えてくるだろう。銀行の業績が外部の指標（景気、利率、地域の発展度など）といかに連動しているかを考える機会もあるはずだ。過去のデータを徹底的にさらえば、どんなことに挑戦し、それがどのような理由でどのような結果に終わったのかについても、理解を深められるにちがいない。

現在

周囲のできごとに目を向けるだけでも、未来について多くを学ぶことができる。たとえば二〇二〇年に存在する建物や道路、都市、人間、企業、政府機関のほとんどは、今も存在する。つまり現在を見れば、未来をつくる人的、組織的、物的資源はおおよそ見当がつくのだ。これらの資源を研究すれば、そうした資源を扱う上での制限や機会、あるいはそうした資源の成長、衰退、相互作用、消失の条件もわかってくる。リーダーであるからには当然、部下や彼らの将来性、現在の顧客構成、サービスの内容、支店の立地、融資状況、競合他社の動向などにも目を配らなければならない。

変化の障害になりそうなものは、比較的簡単に見つけられる。たとえば市場調査の専門家は、早い段階で成長市場を見つけてくれるだろう。政治家やビジネスリーダーが打ち出す計画は、マスコミで報じられることも多い。世論調査の結果は価値観やニーズの変化を教えてくれるし、業界紙に金融サービス分野の調査結果が載ることも珍しくない。実際、米国では変化の兆しをつかむための動向監視が大きな成長産業となっている。

もちろん、自分の銀行で簡単な実験を行うことも可能だ。これまでの方針を大きく転換して、小企業や個人事業主、あるいは特定の業界に特化した融資に力を入れようと思っているなら、化学品メーカーが大きな工場をつくる前に小さな実験工場をつくるように、新しい支店か部署をつくって、その分野に一定期間、取り組ませてみればいい。要するに、新しいビジョンを試すための実験室をつくるのだ。

未来

前述したように、ビジョンは組織の未来を描くものなので、その時期に社会がどうなっているかも検討する必要がある。未来を正確に予測することはできないが、手がかりはたくさんある。これまでの章でも、長期的なトレンド（とくに人口動態や資源の利用に関するもの）、世界、国家、州、企業レベルの計画書、さまざまな組織の方針（意向や展望）、世論調査、これから急速に進みそうな変化の兆しなどを紹介してきたが、利用可能な情報は他にもある。

ひとつは、未来の構造に関する情報だ。たとえば政府が銀行業界の規制緩和を決定したとしよう。このままいけば、強力なライバルが次々と銀行業務に参入し、業界地図を一変させてしまうかもしれない。そこでこうした潜在的なライバル（チャールズシュワブ、アメリカンエクスプレス、日本など諸外国の銀行）が市場の構造をどのように変え、どのような活動を展開するかを検討し、それが現実となった場合に起きる変化について、自分なりのシナリオを描いてみる。そしてシナリオどおりにことが運んだ場合に、さまざまな顧客集団、経済全般、投資業界、そして銀行業界と自分の銀行が受ける影響を分析する。

経済見通しや人口動態分析、業界動向などの予測データを入手し、検討するのもよいアイディアだ。未来を変える可能性のある概念、たとえば哲学書、SF小説、政党の綱領、当代一流の社会学者、政治学者、未来学者の著作をひもとくのもいい。未来の技術の種は、研究開発施設や学会で発表される論文、政府の報告書などにもひそんでいる。

このように、未来に関する情報はないどころか、むしろあふれている場合が多いが、銀行のビジョンをつくるときの基準や手がかりになりそうなものは、そのごく一部かもしれない。集めた情報をどう解釈するか、ここがリーダーの腕の見せどころだ。歴史家が過去に関する情報の山から歴史を動かしたものを見出そうとするように、リーダーも未来に関する情報を選別し、整理し、構造化し、解釈することで、実行可能で信頼できるビジョンをつくりだす。

しかしリーダーには、歴史家よりも確実に有利な点がひとつある。それは、未来の大部分は創造したり、設計したりできるということだ。適切なビジョンをつくることで、リーダーは未来そのものに影響を与えられるのである。

いかに方向を定めるか

我々が話を聞いたリーダーたちは、未来のビジョンを選び、統合し、明確に伝えることにかけては達人と言ってよかった。もっとも、これは時代を問わず、すべてのリーダーに備わっている資質だということに、我々はあとになって気づいた。たとえば伝記作家のルイ・マデランは、ナポレオンについてこう述べている。

彼は同時に三つか四つの可能性を検討し、あらゆる事態、とくに最悪の事態を想定しようとした。彼の先見性は、こうした熟慮のたまものだった。そのおかげで、彼はたいていのことには落ち着いて対処できた。彼を驚かせるようなことは何ひとつ起こらなかった……前述したように、彼はさまざまなものごとに対して、深いビジョンを持っていた。知的な人間だったが、なかでも特徴的だったのは理想主義と現実主義の両方を兼ね備えていたことだ。彼は日常の雑事と崇高なビジョンを同時に考えることができた。実際、ある意味では、彼は空想家、夢想家だったのである。*3

ビジョンにはさまざまな側面があるので、組織が向かうべき方向を定めるのは難しい。リーダーにまず求められるのは、そのビジョンが組織環境の変化にどう対応できるかを判断する「先見力」だ。ビジョンが組織の伝統や文化を妨害しないようにする「洞察力」、未来のできごとや動向の影響を明らかにする「世界観」、全体を細部まで見わたす「立体認知」、組織の新しい方向に競合企業や利害関係者がどう反応するかを見きわめる「周辺視野」、一度つくったビジョンを環境の変化に合わせて見直していく「ビジョン修正」も必要だろう。ビジョンの対象期間、イメージの詳細度、急激な変化を望まない場合は過去との連続性、楽観主義や悲観主義の程度、現実性と信頼性、組織が受ける可能性のある影響などについても、判断を下さなければならない。

もしリーダーの仕事に天才的な資質がいるとすれば、それは雑多なイメージや兆候、予測、選択肢などのなかから、シンプルでわかりやすく、誰もが望ましいと思うような、活力にあふれたビジョンをつくり、それを明確に伝える能力だろう。ある意味では、それは魔法のような力だ。

銀行の例に戻ろう。従業員の信頼を得るビジョンをつくるためには、情報収集だけでなく、ある程度の「枠」を定めておく必要がある。ビジョンの対象となる期間や範囲は、通常の事業計画よりも広くとるべきだが、今の組織では絶対に実現できないほど壮大なものにしてはならない。だいたい一〇年先を目標にするのが適当だろう。これなら劇的な変化を起こすこともできると同時に、現在の従業員のほとんどが理解し、やる気をもって取り組める範囲にある。また、現在の業務にとらわれる必要もない。個人向けのフィナンシャルプランニングや国際金融業に進出してもいいし、ハイテク産業など特定の市場に特化したサービスを幅広く展開してもかまわない。

境界線をどこに引くかも、基本的には価値観によって決まる。リーダーの価値観が、真剣に検討すべき選択肢とそれを評価する方法を決めるのだ。たとえば、J・ポール・ゲティ美術館・財団の代表を務めるハロルド・ウィリアムズの価値観は、彼が産業界、学界、そして公共サービス部門で築いてきた輝かしいキャリアをとおして形成されたものだ。そう考えると、彼が率いるゲティ財団が文化財の保護や学問の興隆を志向していること、財団の資産を美術品の価格をつりあげ、他の美術館の作品購入や展示を妨げるような形では使わないと明言していることも驚くにはあたらない。

もしかしたら、あなた以外のメンバーは保守的な価値観の持ち主で、大きな変化は望まないかもしれない。どんなビジョンを掲げるにせよ、サービスの価格や幅より、質と中身を重視すべきだと主張する可能性もある。

あなたは、こうした情報やさまざまな制限事項をもとに、手元にある選択肢を眺め、比較検討しなければならない。その際にもっとも強力なツールとなるのは、世界の仕組みやそこで銀行が果たす役割について、あなた自身が築き上げてきた「メンタルモデル」だ。このメンタルモデルは、重役やコンサルタントなど、銀行の将来を真剣に考えている人々と一緒に、何度も検証することが望ましい。十分な設備と予算があるなら、本格的なモデルを作って定量分析を行ってもよいだろう。

分析の内容は組織によって異なるため、一般化はできないが、検討すべき質問はいくつかある。その例を挙げよう。

- 銀行の未来に利害関係を持っている組織はどこか。これらの組織は、何が起きることを期待しているのか。
- 銀行の業績を判断する指標は何か。それは、どのように測定されるのか。
- 大きな変化を起こさず、現在の路線を維持した場合、銀行はどうなるか。
- 銀行を取り巻く環境が大きく変わるとしたら、どんな兆候があるか。
- 流れを変えるためにできることはあるか。それを実行した場合、何が起きるか。
- 起こりうる未来に対処するための資源を銀行は持っているか、あるいは持つことができるか。

●銀行と銀行を取り巻く環境を待ち受けている未来のうち、銀行が生き残り、成功するためにもっとも望ましいのは、どのような未来か。

こうした質問に答えていくうちに、実行可能なビジョンを示唆する情報が少しずつ見えてくる。次のステップは、これらの情報を統合して、ひとつのビジョンをつくることだ。これこそリーダーの力の見せどころである。ビジョンの作成には、すぐれた判断力だけなく、かなりの直感や創造性もいる。

本書の著者のひとりであるバート・ナナスは、*Visionary Leadership*（『ビジョン・リーダー』産業能率大学出版部）と最近刊行された二冊の本[*4]のなかで、ビジョンリトリートの方法を紹介している。それは、少人数のグループで数日間の合宿に出かけ、新しいビジョンをつくるというものだ。ビジョン作成のプロセスに他者を巻き込むと、価値観や夢を共有し、多様な視点や経験をもとに新しい方向性を模索できるだけでなく、できあがったビジョンへの支持も得やすくなる。

ビジョンリトリートは、新しいビジョンの可能性をグループで探るプロセスであり、次の四つの段階からなる。

①ビジョンの評価：組織の性質を調べる（現在のミッション、戦略、価値観など）。
②ビジョンの範囲：新しいビジョンに望むものを決定する。
③ビジョンの文脈：新しいビジョンの形成に影響を及ぼすトレンドや変化を検討する。
④ビジョンの選択：選択可能なビジョンを特定し、評価し、もっとも望ましいビジョンを選ぶ。

ふたたび銀行の例に戻ろう。あらゆる情報を検討した結果、あなたはハイテク企業、とくに新興分野のハイテク企業に幅広い金融サービスを提供することが、銀行の未来にとって最善の選択だと結論したとする。次のステップは、このビジョンを実行に移すことだ。

意欲をかきたてる条件

未来のイメージをつくり、統合し、明確に伝えることにかけては、天才的な能力を持っていたとしても、そのビジョンを組織全体に伝え、組織の基本的な行動原則として定着させられなければ、現実は変わらない。リーダーの力量は、自分の考えをどれだけうまく伝えられるかで決まる。リーダーの基本哲学はこうだ。「我々は、この組織の可能性を知っている。ビジョンが実現されたらどうなるかも理解している。我々が今すべきことは、ビジョンを実現するための行動を起こすことだ」

命令や強制ではビジョンは根づかない。必要なのはむしろ説得である。そのビジョンが時代に合っているだけでなく、組織にも、そこで働く人々にもふさわしいことを明らかにして、ビジョンの実現に情熱的かつ献身的に参加する意欲を生みだすのだ。

リーダーとの議論をとおして、我々はビジョンを語るのに、比喩や手本がいかに有効かに気づいた。たとえば政治家は「すべての鍋にチキンを」と公約し、電話会社は「手を伸ばして、遠くの誰かと話そう」と訴える。銀行なら、「革新的な企業には革新的な銀行を」、「時代の先を行く金融サービス」といったキャッチフレーズを使うかもしれない。

コミュニケーションには誤解がつきものだが、偉大なリーダーには自分の考えを明確に伝え、誤解を最小限に抑える比喩を思いつく才能があるようだ。実際、適切な比喩はただの言葉ではなく、すぐれた詩や歌のように相手の心に「ストン」と落ちる。本能に訴え、心の琴線に触れる。なぜかはわからないが、「ピン」と来る。

新しいビジョンを伝えるもうひとつの方法は、リーダー自身がそのビジョンを実践し、体現することだ。マーチン・ルーサー・キングJrは市民権運動のビジョンを体現することで、そのビジョンを人々に伝えた。テッド・ターナーがアメリカズカップ（ヨットレース）で見せた冒険心は、彼が自分の会社ターナー・ブロードキャスティングに期待している革新であり、リスクをとる勇気だった。

ヒューレットパッカードの会長兼CEOのルイス・プラットは、彼らしい地に足の着いたやり方で会社のビジョンを伝えている。それは、自分の時間の三〇%を顧客と過ごし、もう三〇%を世界一一〇カ国以上に広がる支社を訪問するために使うというものだ。「留守番電話やEメールに答えるために週何十時間も費やしている」と彼は言う。[*5]

未来のビジョンとは、リーダーが一度宣言したら、あとは放置しておいていいものではない。それは何度もくりかえし伝えるべきもの、組織の文化に組み込み、戦略と意思決定によって強化していくべきもの、環境の変化に応じて、加えるべき変化がないかをたえず評価していくべきものだ。

つまるところ、リーダーとはビジョンを明確に伝え、それに正当性を与える人だ。あるいはビジョンを魅力的な言葉で表現し、人々の想像力と感情に火をつける人、(ビジョンをとおして)目的を達成するための意思決定権を人々に与える人でもある。

ただし組織が成功するためには、リーダーが描くイメージが組織全体のニーズから生まれたもの、主要な関係者が求め、認めるものでなければならない。つまりビジョンは、組織のなかにつくられる新しい社会構造の一部にならなければならないのだ。次章ではこの点に注目しよう。

4 戦略Ⅱ あらゆる方法で「意味」を伝える

リーダーはビジョンを描くだけでなく、組織の「社会構造（social architecture）」も設計しなければならない。それは、組織を理解し、組織が機能する仕組みをつくるということだ。組織の社会構造は、組織生活というカオスから意味を生みだす無言の変数である。誰が何について誰に何を言い、その結果、どんな行動が起きるかを決めるのも社会構造だ。社会構造は目には見えない。だが、人々の行動や、それとなく集団や個人に伝えられる価値観や規範、社内の人間関係などに大きな影響を与えている。※

2章で我々は、「組織が掲げる大きな目標に向かって、メンバーの力を結集するにはどうすればいいのか」、「どうすればビジョンを伝えられるのか」という問いを投げかけた。その答えは「ものごとの意味を管理する」だったが、これは完全な答えとは言えない。具体的な方法が示されていないからだ。では、どうすればメンバーにビジョンを理解し、参加し、自分のものとしてもらうことができるのか。本章では、組織のアイデンティティ（ビジョン）を人々に認識し、支持してもらうための仕組みを考えていく。この仕組みが社会構造であり、どんなにすぐれた計画も、社会構造に問題があれば失敗に終わる。

まずは社会構造の概念と、その重要性について述べておこう。人間とは、自分が紡ぎだした〝意味の網〟にぶらさがっているクモのようなものだ。この網を、我々は社会構造と呼ぶ。社会構造は、組織のメンバーや関係者に文脈（意味）を与え、コミットメントを引きだす。つまり社会構造とは、組織で起きる出来事を全員が同じように解釈し、自分に期待されている行動を理解できるようにするためのものなのだ。同時に社会構造は、組織がもっとも重視している価値観と哲学（社員がそのために働いていると感じ、信じているビジョン）に対するコミットメントも生みだす。ときには制御装置となって、特定の行動を奨励したり、禁じたりすることもある。

かつては強さの源泉だった社会構造が、未来の成功を阻む大きな障害になったことがある。賢明な読者なら、ＡＴ＆Ｔのことだとわかるだろう。

よく知られている話だが、簡単にふりかえっておきたい。ＡＴ＆Ｔは一九七八年、サービス本位の電話通信事業から、市場本位の通信事業へ戦略を転換することを発表した。会長のジョン・デバッツは社内テレビを通じて、全社員に「AT&Tはマーケティング企業になる」と宣言し、この新しい戦略を実行するために、米国産業史に残る大規模な組織変革にふみきった。

当時のAT&Tには約百万の仕事があったが、その三分の一が変更された。組織の構造、人事、サポートシステムも大きく変わったが、その成否は組織文化を変えられるかどうかにかかっているというのが、社内外の共通した見方だった。我々は分離された七つの「電話会社」のうち二社と密接に関わり、組織構造の改革を支援した。しかし、それが成功だったと宣言できるまでには何年もかかったうえに、その段階でも古い文化は完全には消えていなかった。

組織の社会構造は、どうすれば変革できるのか。この難題に挑戦したのが、シャーウィンウ

※「社会構造」の意味は、本章を読み進めていくうちにわかってくるだろう。今の段階では、「文化」というお馴染みの言葉とほぼ同義と考えてもらってかまわない。あるいはもっと単純に、組織内の行動を決める規範や価値観と考えてもよい。我々があえて「社会構造」という言葉を使うのには、さまざまな理由がある。ひとつは感覚的なものだが、もっと重要な理由もある。第一に、「社会構造」という言葉は「文化」というあいまいな言葉よりもはるかに多くの意味を伝え、「組織文化」という言葉にはできない形で組織生活を意味づける。しかし何よりも重要なのは、変化や制御の可能性、つまりリーダーがそれに手を加えられることを示唆していることだ。一方、「文化」という言葉は通常、それが固定され、制御できないものであることを示唆している。言葉や言い回しは重要だ。「文化」と「社会構造」はほぼ同義で使われているが、我々は「社会構造」の方が適切だと思う。我々の知るかぎり、「社会構造」という言葉を考え出したのはH・V・パールミュッターである。

ィリアムズの元社長、ウォルター・スペンサーだ。彼は六年をかけて同社の再建に取り組んだ。当時のシャーウィンウィリアムズは、利益を生まず処分もできない大量の製品在庫（旧式の工場や設備など）を抱えていた。会社のあるクリーブランドは資本財を重視する傾向の強い地域で、ほとんどの取締役は製造こそ実業だと決め込んでいた。しかしスペンサーは、同社を生産志向の会社からマーケティング志向の会社に変えたいと願っていた。

彼は当時を次のようにふりかえる。「一〇〇年の歴史を持つ企業の文化を変えるのは、しかもクリーブランドという保守的な土地でそれを行うのは……時間がかかります。ハンマーで杭を打つように、コツコツと根気強く、一人ひとりを説得していかなければなりません」。彼は六年間「杭」を打ちつづけたが、もう仕事を楽しめなくなったと言って会社を去っていった。ハンマーで多少の傷はつけたものの、会社の文化を変えることはできなかったのだ。*1

我々の経験から言うと、組織改革の試みがこうもひんぱんに頓挫するのは、リーダーが文化の強力な抵抗を考えに入れていないからだ。組織の社会構造を考慮せずに組織を変えようとするリーダーは、自分の力を証明しようと、浜辺に立って波に止まれと命じたデンマークの伝説的な王、カヌートと変わらない。

この点をよくあらわしている事例を二つ挙げよう。

ひとつ目の例は、文化が企業の合併・買収の成否に及ぼす影響を示している。

●マーケティング志向のロックウェルインターナショナルと、航空宇宙工学のエキスパート、ノースアメリカンが合併したとき、経営陣とアナリストはどちらも相乗効果を期待していた。「新しい技術と新しい商品を求めていたロックウェルは、ノースアメリカンと組めば、この〝長髪の科学者〟がロックウェルの役に立つアイディアを次々と与えてくれるものと考えた。一方のノースアメリカンは、ロックウェルの商業生産力に魅力を感じていた※」

●ところが足りない部分を補い合う前に、基本的な価値観がぶつかった。「当時の会長、ロバート・アンダースンが嘆いていたように、航空宇宙工学の技術者たちは商売にうとかった。『何度も発想を変えてもらおうと努力しました。でも毎回、彼らは市場のないものに大量の金をつぎ込むか、市場が求める以上に複雑な商品をつくったのです』」。両社の世界観はあまりにも違った。「ロックウェルの文化では、世界は利益がすべての戦場だった。それと比べると、ノースアメリカンの社風は優雅だった。博士号を持つ社員は約六〇人、全員が高い給与を得ていたが、勤務時間の二〇％を会社の業務に費やせば、あとは自分の選んだ基礎研究を自由に進めてよいことになっていた。当然、採算に厳しいロックウェルとは相容れない」。

※本章を書くにあたっては、ハワード・シュワルツとスタン・デービスの研究・著作を参考にした。

合併から何年たってもなお、同社の重役たちは二つの文化をなじませようと四苦八苦していた。[*2]

二つ目の例は、企業文化が革新的な試み（ここでは企業の健康プログラム）に与える影響を示している。[*3]

●米国の企業、とくに従業員の健康や医療費の高騰に関心を持っている企業は、フィットネスセンターや体育館を建てたり、健康プログラムを導入したり、健康分野に積極的に投資をしたりしている。しかしこれまでのところ、こうした大盤振る舞いはほとんど成果をあげていない。罹病率や医療費は上がりつづけ、データを見るかぎり、ほとんどの人は健康のためにちょっとした生活習慣を見直すことさえできずにいる。企業の健康プログラムが失敗する最大の要因は、企業文化にある。社内に健康に反する規範がいくつもあるために[※]、従業員がいくら変化を起こそうと無駄になってしまうのだ。健康管理は従業員の個人的な問題ではなく、企業文化の問題でもあると考えはじめた企業では、従業員の生活は根本的に変わり、企業の医療費負担も大幅に削減されつつある。

これらの例は社会構造の重要性を指摘しているだけでなく、我々の考えでは、リーダーが社会構造に戦略的に取り組むべき理由も明らかにしている。

では社会構造はどのように生まれ、維持されるのか。そのプロセスを簡単にたどってみよう。まずは、ひとりまたは複数の創業者が何かをつくる（あるいはサービスを提供する）。創業者は自社の製品やサービスに何らかの思い入れや価値基準を持っており、製品や機能自体にも特色がある。

続いて自社の居場所を確立するために、市場、製品、またはサービスのポジショニングが行われる（「ポジショニング」のプロセスは次章を参照）。

次に報酬制度がつくられ、創業者の姿勢や方針、組織の目標やプロセスに応じて発展していく。組織が成長するにつれて関係者も増え、一部の経営方針が強化されたり、変わったりする。やり方が合わない、あるいは変えられないという理由で、去って行く人もいる。

組織は発展し、（ある意味では）変化していく。仕事内容や業績、市場、製品が変わることもある。規模は大きくなるかもしれないし、小さくなるかもしれない。繁栄するかもしれない

※我々は、多額を投じて最新式の体育館や保健センターを設けた企業をいくつも知っている。しかしこうした企業は、一方では膨大な仕事量、不衛生な工場環境、過酷な出張スケジュール、不安感などによって、社員にたえがたいストレスを与えている。こうしたストレスが、企業の「健康プログラム」が生みだすメリットを相殺しているのだ。

し、衰えるかもしれない。均質化するかもしれないし、多様化するかもしれない。しかし、それによって組織の構造（または文化）が変わるわけではないし、変わらなければならないわけでもない。創業者のスタイルが変化に対応できる場合もあるが、たいていはそぐわなくなる。創業期にはうまく機能していたスタイル（組織文化）が、徐々に関連性を失い、当初の存在理由となっていたものや出来事と対立するようになる。つまり経営陣が新しい目標を掲げたり、新しいやり方を導入したり、何であれ根本的な変化を起こそうとしたときに、それを後押しするどころか、足を引っ張るようになってしまうのだ。

抽象的な話はこれくらいにして、具体例を見ていこう。

現代組織の三分類

組織の社会構造は、組織の起源、基本的な行動原理、仕事の性質、情報の管理、意思決定とパワー、影響力、地位などによって決まる。これらの要素に応じて、組織は三種類に分類される。「合議的組織」、「個人的組織」、そして「形式的組織」だ。現代の組織のほとんどは、この三つのいずれかに分類される、いわば原型であり、マックス・ウェーバーが言うところの「理念型」だ。

合議的組織（Collegial Organization）※

独創的な技術コンセプトを持つハイテク製品メーカーがあるとしよう。創業者は大学と縁の深い人物で、科学的価値観に基づいて会社を経営している。最高のものをつくれば利益はついてくるというのが彼の持論であり、それは今も変わらない。この会社の基本的な行動原理は、「ウィン・ウィン」の精神で「最高を目指す」ことだ。

この原理は同社の仕事の性質にも合っている。製品開発には最先端の技術が用いられるが、その際にはグループや個人が密接に交流することが欠かせない。開発活動にはあいまいな点が多く、技術や市場、競争関係もめまぐるしく変化するので、臨機応変の対応が求められる。技術者たちが仕事に求めているのは「楽しさ」と「やりがい」だ。同社の事業は業界でもとくに競争が激しく、リスクが大きいため、優秀な（ときには早熟な）科学者や技術者なら、キャリアを短期間で飛躍的に伸ばすことができる。

仕事の性質上、競争力を維持するためには科学技術情報を適切に管理する必要がある。この

※本項を書くにあたっては、マルシア・ウィルコフの研究結果に「多くを負っている」という言葉ではあらわしきれないほど助けられた。「合議的組織」に対する我々の理解は、彼女の博士論文に基づいている。彼女はこの項の共同著者と言っても過言ではない。*Organization Culture*, doctoral dissertation, Wharton School, 1982.

会社（仮に「ＬＥＤ」としよう）では、情報は直接、口頭で伝えられることが多く、社内では情報共有が奨励されている。

意思決定のスタイルは参加型だ。どんな問題に関しても、社員の声を汲み上げ、コンセンサスを形成することが奨励される。つまり決定を下す人だけでなく、その決定によって影響を受ける人々も意見を述べられるようになっているのだ。

コンセンサスとは、反対意見がないこと、その活動を批判したり、干渉したりする人がいないことを指す。といっても、全員が同じ意見やアイディア、戦略を持っているという意味ではなく、関係者全員に発言する権利があるという意味だ。つまり全員が、問題の解決、証明、打開などにある程度の時間をかけることに同意しているのである。このような形の合議的マネジメントは、企業戦略から製品の目標、デザインの仕様、従業員の給与にいたるまで、ＬＥＤが直面するあらゆる規模の意思決定に見てとれる。

ＬＥＤでは、個人のパワー、影響力、地位は、肩書きではなく仕事仲間からの認知によって決まる。そして仕事仲間からの認知は、その人の実務能力と、ある程度は対人能力によって決まる。社員は自分の信念を貫くことを奨励されているが、その方法は透明で、オープンで、公平で、正当なものでなければならない。

一四六ページの図３は、ＬＥＤの「合議的構造」を図で示したものだ。なぜＬＥＤはこのような文化を持つにいたったのか。

前述したように、ＬＥＤの創業者は学術的、科学的価値観に基づいて会社を経営している。もとは大学と提携している政府系の研究所で働いていたが、多くの研究者がそうであるように、自分のアイディアがほとんど注目されないことにしびれをきらせて独立した。

彼は科学的な価値観の持ち主だったが、同時に信仰心の篤い倫理的な人物でもあったので、自分も含めて人間とは常に答えを持っているわけではないこと、世界はあいまいで混乱した場所であり、複雑な問題や状況を解決するためには、ひとりではなく、できるだけ多くの人の力を集める必要があることを知っていた。彼は当時も今も人間を深く信頼している。会社を立ち上げたときはマグレガーの「Ｙ理論」のような参加型マネジメントのことは何も知らなかったが、彼の考えはＹ理論そのものであり、その信念は強固だった。

彼にはこんな逸話がある。あるとき、ライバル会社からひとりの技術者が転職してきた。この人物はＬＥＤの経営陣に、前の会社から重要な「機密情報」を持ってきたと語った。これを聞いた彼（当時は社長）は烈火の如く怒り、その情報を廃棄するよう命じた。そして泥棒猫のような話は二度と聞きたくないし、ＬＥＤはそんなことをする会社ではないと断言した。

合議的組織（参加型組織）は、米国だけでなく、世界中で人気が高まっている。我々は日本のモデルから学んだり、対人心理学の知見を取り入れたりしている。この種の組織は、競争の

図3◉LEDの構造：合議的組織

（M・ウィルコフの *Organization Culture* より。141ページの注参照）

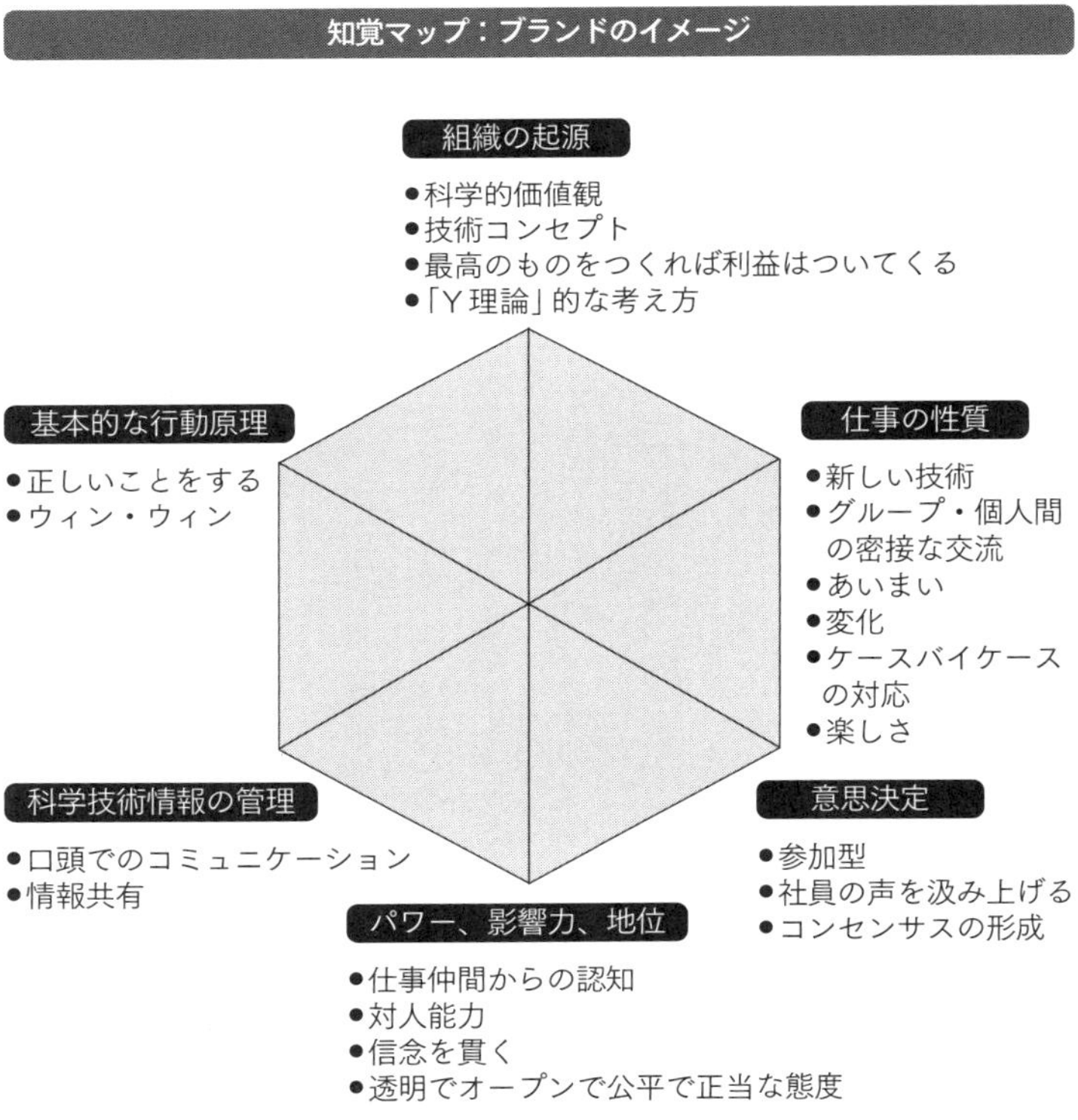

激しい市場に属し、成長速度が速く、科学技術関連の研究開発に力を入れている企業にとくに適している。

個人的組織（Personalistic Organization）

精密部品の製造を手がけるジョーダンマニュファクチャリングは、最高の会社だ。最高の利益、最高の方針、最高の製品、最高の生産性、最高の成長性、そしてこのすべてを実現している最高の人材……。しかし、同社をさらに際だたせているのは、世の生産工場が通常、「最低」の職場として知られているという事実だ。労使の対立によって社内は分裂し、ブルーカラーの労働者たちは先の見えない仕事に追われ、職場には倦怠感と疎外感が漂って混沌としている――一般に、生産工場というのは人々が創造性を発揮し、質の高い仕事が行なわれる場所だとは考えられていない。※

これから紹介するのは、ジョーダンのオーナーで創業者でもあるジム・ジャクソンが経験し

※ジョーダンマニュファクチャリングとジム・ジャクソンはどちらも仮名である。企業の匿名性を守るために一部の記述を書き換えたが、この項のもとになった事例研究の作者スー・マクキバンのことは高く評価しなければならない。なお、この項の内容はマクギバンによる事例研究に、ジョーダンマニュファクチャリングに関する別の事例研究を組み合わせたものである。

たドラマだ。彼がブルーカラーのルネサンスを熱く語っているのを聞くと、最初は大げさに聞こえるかもしれない。熱に浮かされたエバンジェリストが、歯の浮くようなことを言っている、と。しかし同社を訪れ、ジャクソンと話をするうちに、我々は彼の経営手法は口先だけのものではないと納得するにいたった。そこには、はるかに多くのものがあるのだ。

ジョーダンの前身となる会社を買収する前から、ジャクソンにとって会社経営は長年の夢だった。少年時代は、同じ年頃の子どもが野球カードを集めたり、スポーツ選手に憧れたりしている間に、フォーチュン五〇〇企業のトップの名前を憶えた。いつか彼らの仲間入りがしたい。だが必ず邪魔が入った。少年時代の夢がかなわないと知ったとき、彼は新しいビジョンを描いた。それはどこかの会社を買収し、その会社を自分が社員だった頃に願っていたようなやり方で経営する、というものだ。

我々のクラスでジョーダンの事例研究に参加した学生は、ジム・ジャクソンを「堂々とした人物」と評した。彼は言葉と行動の両方を使って、「胸を張って歩く」よう社員に言いきかせている。少なくとも週に二回は現場を訪れ、すばらしい仕事をした社員を表彰したり、家族の調子をたずねたり、職場の「雰囲気」を確認したりしている。仕事をさぼっていないかを探りにきたのではないかと社員が案じる心配はない。ジャクソンは現場の仕事について、詳しいことはほとんど知らないからだ。「社長は車の動かし方も知らない」と言われて、喜んでいるのである。

ジャクソンの競争戦略の柱は品質とサービスだ。最近は誰もが同じようなことを言っているが、言うは易く行うは難しである。しかしジョーダンマニュファクチャリングは、これを実践している。ある雑誌は同社について、「ジョーダンが成功をおさめた大きな理由は、従業員と経営陣を信頼関係で結ぶという、よく練られた戦略にある」と述べている。

またある業界誌は、次のように書いた。「ジャクソンは最初から、主要な社員に自分の経営哲学を語っていた。『我々はハイウェイを走っているんだ。わからないときは叫べ。同意できないときも叫べ。そうすれば一緒に問題を解決していける』」

ジャクソンの経営スタイルは、同社がハイウェイを走るための乗りものだった。彼の経営哲学は同社のさまざまな方針に織り込まれているが、公式の文書として発表されたものとしては、ジョーダンの前身である会社を買い取った直後に、ジャクソンが配布した半ページほどの文書がある。そこには次のように記されていた。

人はみな、よい仕事をしたい、成功につらなりたいと願っている。

人がよい仕事をするのは、次のようなときだ。

●必要なものがわかっているとき！

●次のものが与えられているとき
　機器と設備
　手順
　材料
　方法
　ついていくべきマネジメント
●自分の努力が認められ、感謝されるとき
●「失敗」しても責められないとき
●結果に全員が責任を持つとき
●干渉されることなく、柔軟に行動できるとき

ではマネジャーたちは、会社とジャクソンをどのようにとらえているのだろうか。あるマネジャーの声を引用しよう。

ジムのことはとても尊敬しています。この会社について、彼が面接で言っていたことはすべて守られました。嘘は何ひとつなかった。すべてが本当でした。あまりにもいい話だ

ったので、実際に入社するまでは「現実はどうかな」と思っていたんです。でも数週間後、あることをジムにたずねると、こんな答えが返ってきました。「私は何と言っていたかね」。「この人は本物だ」と思いました。

次に紹介するのは、別のマネジャーとのインタビューからの抜粋だ。

正直、プレッシャーはかなりありますし、やめていく人もたくさんいます。

——あなた自身はどうですか。やめたいと思ったことは？

もちろん考えたことはあります。不満を言えば切りがありません。でもチャンスとやりがいも多い。全体として言えば、とてもいい会社です。

——不満があるときはどうするのですか。

ジムと話ができれば、それで解決します。

——社長と腹を割った話ができるのですか。

ええ、たいていのことは。

——社長と話せない問題はありますか。

どうでしょう。彼はよく権限を委譲して部下を育てるよう言いますが、彼自身が「直属の部下」を育てられているかは微妙だと思います。でも、この件については彼と議論したことがあります……

――あなたが成功した秘訣は何でしょうか。

私はジムに似ているんだと思います。社歴も長いし、約一〇年をかけて会社とともに成長し、学んできました。おかげで変化に適応し、さまざまな要求や必要にも応じられるようになった。でも最近の社員はジムと直接仕事をする機会がないので、どうなるかという心配はありますね。

――ジョーダンで成功するには何が必要ですか。

まずは高い専門能力。マーケティングであれ生産であれ、自分の専門分野では飛び抜けたところがなければなりません。あとは先見力があること、高潔であること、倹約家であること……気取りがないこと。ジムを見てください。あれだけの仕事をひとりでこなせる人はいません……この会社には無駄なもの、華美なものは何ひとつない。出張するときはエコノミー席です。ヒルトンやマリオットといった高級ホテルに泊まることもありません。

――定宿はホリデイ・インですか。

ええ、ホリデイ・インかベスト・ウエスタン。

――まるでジムの話をしているようですね。

――まったくです！

ある幹部は、ジョーダンの社会構造を絵で説明してほしいという我々のリクエストに、次のように答えてくれた。

――――――――――――――

小さな望遠鏡を持った人間がひとり……ジムです……未来を眺めながら……たくさんのボールを宙に投げている。全速力で走っている船のへさきに立って、ボールを宙に投げながら、望遠鏡を覗き込んでいる男。なかなか立派な船で、ものすごいスピードで進んでいます……たとえるなら駆逐艦、海軍の駆逐艦です。望遠鏡を覗いている男――おそらくジムは、ときどきボールと望遠鏡を置いて船内を歩き、この航海がいかに重要なものかを乗組員たちに説いてまわります。そしてその言葉を、乗組員たちは信じるのです！

人事部長と話をしたときは、ジョーダンの社会構造に問題はあるかという質問に対して「たくさんある」という答えが返ってきた。「人事の観点から言えば、一番の問題は手本となるマネジャーが少ないことです。彼らは〝たまたま〟マネジャーになったのであって、体系的な訓練を受けたわけではありません。そのくらいと思うかもしれませんが、これは些末な問題ではないのです」

ジム・ジャクソンは、アメリカンフットボールの名コーチ、ヴィンス・ロンバルディの「一インチをめぐる闘い」という言葉を、よく自分に言い聞かせている。「一インチ、その一インチが重要なんです」と彼は言う。ジョーダンマニュファクチャリングは毎年、数百万個の精密部品を生産している。この市場で成功するためには、「数千分の一インチ」にこだわらなければならない。この熾烈な競争にジョーダンは勝っている。しかも楽々と。

ジョーダンの経営者として、ジャクソンが掲げている目標は昔も今もシンプルだ。会社を継続的に発展させ、利益をあげること、富を分配すること、誰もが仕事に満足し、仕事を楽しめるようにすること。そしてこの目標を達成する方法は、「経営陣と従業員と顧客を、ゆるぎない信頼関係で結ぶこと」以外にないと彼は信じている。

形式的組織（Formalistic organization）

一九二〇年代にGMのアルフレッド・P・スローンが思いついたアイディアは、またたく間に多くの企業や組織を支える概念となった。そのアイディアとは、生産システムを分散させつつ、方針の策定や財務は中央で管理するというものだ。このGMモデルは形式的組織の原型であり、今も米国のみならず、世界中の工業国で採用されている。

GMは、大きく複雑なシステムのほとんどがそうであるように、明確に定義された規則に立脚した組織構造を採用している。社内には複数の委員会が設置され、「財務」と「オペレーション」は明確に区別されている。この構造のもとになったのが、スローンが一九二〇年に発表した有名な文書「組織プラン」だ。スローンによれば、このプランの目的は分散的オペレーションの利点を活かしながら、財務管理と部門間コミュニケーションを促進する手段を導入することで、組織の多様性と一体感を維持しつつ、組織の活動と効率を最大化することだった。

GMは一九一八年から一九二〇年にかけて急速に成長したが、その間に私は、「中身」と「形式」のずれをひしひしと感じるようになった。事業はどんどん拡大していくのに、組織としての形はほとんど整っていない。GMが成長をつづけ、市場競争を勝ち抜いていくためには、組織を改善する必要があると私は確信するようになったが、この重要な点に注意を払っている人がいないことは明らかだった。[*4]

これはスローンの著書、*My Years with General Motors*（『GMとともに』ダイヤモンド社）の一節だ。この文章からは、二〇世紀の最初の二〇年間にGMが無計画な拡大路線をとったことに対する不満と、GMの創業者で、自由奔放で独創的で根っからのギャンブラーだったウィリアム・デュラントの遺産に対するいらだちが感じられる。デュラントの指揮下でGMは世界的な企業となり、自動車業界の王者となった。彼は広い視野の持ち主だったが、気まぐれなところがあり、周囲を不安にさせたり、混乱させたりすることも多かった。

デュラント時代のGMには、中央統制機関と呼ぶべきものがなかった。彼が実践したのは、究極の分散型マネジメントだ。このやり方は、デュラントには合っていた。彼には管理能力がなかったからだ。過去の資料を見るかぎり、デュラント時代の経営はずさんで、スローンが企業会計の年次監査を義務づけるまで、公式の会計報告はまったく行われていなかった。会社としての方針や方向性もなければ、きちんとした成長計画もなかった。GMはデュラントのもとで、一九一〇年には自動車の付属品メーカーを中心に二五の子会社を持つまでになったが、これらの子会社はゆるやかにしか組織されておらず、実質的には独立企業として経営されていた。GMは親会社というより、持株会社だったのである。

一九二〇年に経済恐慌が起きると、GMは在庫の山を抱え（デュラントは起業家精神のおもむくままに事業を拡大していた）、工場は供給過多に陥った。コントロールを失った同社は、当座をしのぐために八三〇〇万ドルもの短期資金を借り入れることになった。デュラントに対する風あたりは日に日に強まり、一九二〇年一一月二〇日、彼はついにGMを去った。※

一九二〇年、スローンは混乱をきわめる市場のなかで、ピエールデュポンの社長の右腕として、財務と組織の分野で天才的な能力を発揮していた。彼の「組織プラン」は、今でも組織管理に関するもっとも重要な文書のひとつに数えられているが、そこには二つの大原則があった。

原則①事業部の最高責任者には、あらゆる権限を持たせる。各事業部には必要な機能をすべて与え、最高責任者のもとで、完全な自主性を持って合理的に発展できるようにする。

原則②企業活動を適切に管理し、合理的に発展させていくためには、何らかの中枢管理機能が必要である。*5

この二つの原則が矛盾していることをスローンはよく理解していた。プランを実行するためには、各事業部に主体的に行動する自由を与えるだけでなく（これはデュラントのやり方だ）、何らかの統制手段を取り入れ、各事業部の活動を調和させなければならない。大切なのは、自由と管理のバランスをとることだった。しかしスローンの「組織プラン」がもたらした最大の功績は、「過去と未来」のGMにふさわしい組織構造をはっきりと定め、デュラントの起業家

※デュラントは一九四七年三月一八日、生まれたときと同じように、事実上〝一文無し〟となって死んだ。最後の仕事はミシガン州フリントにあるボウリング場の経営だった。晩年のデュラントはボウリング場の経営よりも、このボウリング場を全米五〇カ所に広げ、チェーン展開する計画に入れこんでいたという。

的な冒険主義と、事業部のリーダーたち（スローンを含む）の才能をうまく融合できる社会構造をつくりあげたことだろう。

多くの資料が伝えているように、スローンのもとでGMの文化は少しずつ形成され、その過程でGMの文化を特徴づける大きなテーマも明らかになっていった。同社の経営哲学の核心をなす三つの基本的価値、すなわち権威の尊重、〝同化〟、そして忠誠心もそのひとつだ。

文化の中身は組織によってさまざまだが、多くの組織に共通して見られるのが、地位の高い人々に敬意をあらわすために、彼らの居場所を特別な名前や隠語で呼ぶ慣習だ。たとえばGMの重役室は巨大な本社ビルの一四階にずらりと並んでいたので、従業員の間では「一四階」とか「重役街」と呼ばれていた。J・パトリック・ライトは、ジョン・Z・デロリアン時代のGMを描いた *On a Clear Day You Can See General Motors*（『晴れた日にはGMが見える』新潮文庫）のなかで、「GMでは、『一四階』と言う言葉は畏敬の念を込めて語られている」と書いている。[*6] 同社の重役がどれだけ高い地位にあったかは、一四階のレイアウトを見ればよくわかる。入口には仕切りがあり、そこが入ることの難しい聖域であることを示していた。

一四階の入口はぶ厚いガラス製のドアで守られている。ドアは電子ロック式だ。ドアの外側には広く飾り気のない待合室があり、受付の女性が机の下のスイッチを操作するとド

――アが開く。
中に入ると、あたりは不気味な静寂におおわれ、巨大企業の中枢にいることがひしひしと感じられる。

一四階は、恐ろしいほど静かだ。通路で人を見かけることはめったにない。話をするときは誰もが声をひそめる。あたりを支配している静寂が、ここが強大な力の源泉であることを示している。これほど静かなのは、強大な権力を持つGMの重役たちが、それぞれの執務室で問題を検討したり、複雑なデータの山を分析したり、会議を開いたり、合理的な判断に基づいて重要な意思決定を下したりしているからにちがいない。通路に出て笑ったり、雑談したりしている者はいない。そんなことはどうでもいいことだ。やるべき仕事は山のようにあり、つまらないことに時間を費やしている暇はないのである。*7

〝同化〟の実例は、従業員の服装やオフィスの内装、社員のライフスタイルなど、あらゆるところに見てとれた。六〇年代の服装規定は、暗い色のスーツに淡い色のシャツ、縞柄などの地味なネクタイというものだった。

ライトの本の冒頭で、デロリアンは「GMをやめた理由」を次のように語っている。

私は自分が会社をやめることに悲劇的なアイロニーを感じていた。この巨大な企業、一匹狼のウィリアム・デュラントが興し、非凡な人々によって米国型優良企業の手本にまでなったGMに、もはや独創性と強力な個性によって出世階段を上ってきたエグゼクティブを受け入れる余地がないとは。自分を、偉大な創業者や現代のGMをつくりあげた功労者たち――アルフレッド・P・スローンJrやデュポン一族、ドナルドソン・ブラウンなどと較べるつもりは毛頭ない。でも私は彼らのやり方を学んできた人間だ。その私が、もはや彼らのつくりあげた会社で働くことはできない……ここにはもう、私の居場所はなかった。[*8]

GMの形式的で明快で明示的な社会構造が、ジョーダンの、いわばデュラント的な起業家精神と異なることは、火を見るよりも明らかだ。GMの社会構造は、合議的組織の項で取り上げたLEDともまったく違う。デロリアンの「退社」声明を読めば、彼もまた、我々が社会構造と呼ぶGMの神聖な不文律を正しく理解していた（そして犯していた）ことがわかるだろう。三社の社会構造は明らかに違う。ジョーダンのジム・ジャクソンにとっては、GMの一四階は息のつまるような場所だろう。LEDの創業者やGMのスローンにとっては、ジョーダンは居心地の悪い場所にちがいない。

ＬＥＤのような合議的組織では、意見の一致や対等な人間関係、チームワークが重視されるのに対して、ジャクソン率いるジョーダンのような個人的組織では、個人主義が重要なテーマとなる。極論すれば、それは合法的な無政府状態であり、意思決定は個人を中心に行われる。その対極にあるのがＧＭの形式的文化だ。同社の社員は既定の規則と方針に従うことを求められ、そこから逸脱した場合はよくて問題児、悪ければ異端者と見なされる。

現代の組織の約九五％は、この三種類のいずれかにあてはまる。有名企業を例にとると、形式的組織に分類されるのはＡＴ＆Ｔ、プロクター・アンド・ギャンブル（Ｐ＆Ｇ）、パシフィックテレシス、バンク・オブ・アメリカ、インペリアル・ケミカル・インダストリーズ、フォード、ロサンゼルス・ドジャーズ、タイムズミラーなどだ。国務省、規制産業に属するほとんどの企業、フォーチュン五〇〇企業の多くも形式的組織に分類される。

一方、ハイテク企業や協同組合的組織、専門職の比率が高い組織などは、合議的組織であることが多い。とくにシリコンバレーや（ボストン近郊の）国道一二八号線沿いには、この種の企業が集まっている。典型的な例はインテル、デジタル、データゼネラル、そしてヒューレットパッカードだ。コンサルティング会社のアーサー・Ｄ・リトル、製造大手のＴＲＷ、さらにはシティコープのような銀行も合議的組織に分類される。

急成長中の新興企業、とくに発明者自身が創業したような企業は、個人的組織であることが多い。具体的にはゴアテックス、トムソンビタミンズ、フットヒルグループ、ホテルコーポレーション・オブ・アメリカ、ルイスビル・カーディナルス、ザ・リミテッドなどだ（しかし個人的組織の多くは、「年」を重ねるにつれて合議的組織や形式的組織に移行することが多い）。

次ページの表は、この三種類の組織の特徴をまとめたものである。この表をもとに、自分の会社はどの種類にあてはまるかを考えてみてほしい。

以上、三種類の社会構造を考察してきたが、どれもそれ自体としては一貫性があり、どの構造を採用しようと、適切に展開すれば必ず大成功をおさめられる。社会構造を設計するのはリーダーの役目だ。リーダーは芸術家として、設計者として、あるいは熟練の職人として、必要な材料を集め、それらを創造的に組み合わせることで、理想のビルをつくるように、自分のビジョンを実現するための組織をつくりあげていく。

何度も強調してきたように、社会構造は「意味」を生みだす。組織を変容させたいなら、社会構造を変えなければならない。有能なリーダーは新しい価値観と基準を明確にし、新しいビジョンを掲げ、さまざまなツールを使って変化を促し、サポートしていくことで、組織に新しい意味と方向性を根づかせる。次はこの点を考えていこう。

表1◉社会構造の三つのスタイル

価値観／行動	形式的	合議的	個人的
意思決定の根拠	権威者からの命令	議論、合意	自分の内部からの命令
行動を統制するもの	規則、法規、報酬、懲罰	個人同士や集団内の約束	自己概念との一致度
権威を持つもの	上司	「私たち」の考えと感覚	「私」の考えと感覚
望まれる結果	服従	意見の一致	自己実現
避けるべきもの	命令違反、リスクをとること	意見の不一致	自己欺瞞
他者との関係	階層的	対等	個人
人間関係	構造的	集団志向	個人志向
発展の条件	既存の秩序に従うこと	仲間集団の一員であること	自己認識に基づいて行動すること

変革を成功させる三つの原則

もっとも成功するのは、絵を見たとき、そこにまだ描かれていない絵を見るリーダーだ。そのようなリーダーは、まだ描かれてはいないが、その絵に属するものを見てとる……何よりもまずリーダーは、自分たちが達成しようとしているのはリーダーの個人的目的ではなく、組織の欲求と活動から生まれた、全員が共有できる目的だということを、みなが理解できるようにしなければならない。

――メアリー・パーカー・フォレット[*9]

まず考えなければならないのは、「組織の社会構造は変えられるか」という問題だ。これは「共通の価値観、コミットメント、意思決定のプロセスはどの程度変えられるか」と問うことに等しい。これは簡単に答えられる問題ではないし、実行するための「マニュアル」もない。

しかし参考になる事例はある。そのひとつが、クライスラーでのリー・アイアコッカの経験だ。彼は新しいビジョンをつくり、そのビジョンに社員の注意を引きつけ、全員の力を結集することで組織を改革しようとした。

ＩＢＭのルイス・ガースナーは、アイアコッカとはまったく違うタイプのリーダーだが、やはり新しいミッションと文化の構築に取り組んだ。同社では一九九〇年代初頭に、メインフレームとミニコンピュータの売り上げが激減した。当時のＩＢＭは、優先順位を決められず、身動きがとれなくなっているように見えた。ガースナーは一九九三年にＩＢＭに入社するやいなや、保守的なマネジャーたちを交替させ、古めかしい服装規定を廃し、サービス部門の拡大に照準を定め、新しい製品や技術提携を次々と発表した。

同様の動きはＡＴ＆Ｔ、チェースマンハッタン銀行、アップルコンピュータ、ユナイテッド航空などの一流企業でも進んでいる。

我々はリーダーとのインタビューから、社会構造を変革するヒントを得た。彼らの経験によれば、変革を成功させる条件は三つある。これは合議的組織にも、個人的組織にも、形式的組織にもあてはまる大原則だ。

①従業員を次の世界にみちびく、新しいビジョンをつくる。
②新しいビジョンに対するコミットメントを形成する。
③新しいビジョンを組織に定着させる。※

※この項を書くにあたっては、ノエル・ティシーの研究が非常に参考になった。[*10]

新しいビジョンをつくる

有能なリーダーは、組織にとって望ましい未来を描きだす。これはリーダーがなすべき重要な仕事であり、ほかの幹部に相談したり、協力を求めたりすることはあっても、誰かに丸投げすることはできない。たとえばＧＥが新しいビジョンを打ち出したとき、スタッフも大いに貢献はしたが、最終的にビジョンの形を決めたのはジャック・ウェルチの哲学であり、スタイルだった。アイアコッカはスタッフの報告よりも自分の直感を頼りに、猛然とビジョンとミッションの創造に取り組んだ。

社会構造の改革は、取締役会や首脳部の全面的な支持を得たうえで、ＣＥＯがトップダウンで進めるべきものだ。組織の規範や価値基準を明確にし、それを体現しているＣＥＯは、きわめて有利なスタートを切ることができる。

そのよい例がＡＴ＆Ｔだ。会長のチャールズ・Ｌ・ブラウンは、事業分割を円滑に進めるために、あちこちで講演し、改革への気運を高めていった。たとえばシカゴ商工会のメンバーを前に行った重要な演説で、彼は次のように述べている。

――街には今、新しい電話会社があります……先進的なマーケティング戦略を駆使し、顧客の複雑な要求に応えるハイテク企業……今や、この会社に「マーベル」（AT&Tの愛称。「ベル母さん」の意）という名はふさわしくありません……ここにはもう〝母さん〟はいないのです。[*11]

AT&Tは新しい使命を得、従業員が「規制」よりも「競争」を意識するようになるにつれて、経営の焦点も市場に移っていった。

もちろん同社の変容には長い時間がかかったし、遠回りすることも多かった。変容のプロセスはまだ完了していない。度重なるレイオフ、コンピュータ事業への進出と失敗、中核事業である長距離通信への強力なライバルの出現といった試練もあった。以前よりも貪欲で成長力のある企業にはなったが、社会構造の活性化という長期的な目標が達成されるかどうかは、ビジョンをどうつくるかより、そのビジョンが競争市場において、AT&Tを正しくポジショニングできているかどうかにかかっている（組織のポジショニングについては次章で詳述）。

新しいビジョンに対するコミットメントを形成する

新しいビジョンを実現するためには、そのビジョンを組織が受け入れ、支持しなければならない。

我々がインタビューした社長のひとりは、自社のビジョンを話し合うために、九〇〇〇人の管理職を連れて五日間の合宿に出かけた。ミッションステートメントと目標を伝えるだけなら五日もかからない。しかし社員に本気でビジョンの実現に取り組んでもらいたいなら、表面的な同意や短時間の意見交換だけでは不十分だ。ビジョンは何度も明確に示す必要がある。その方法は、採用の目的や方法をわずかに変える程度の「方針声明」から、社員が組織の新しい価値観に合わせて行動できるようにするための研修、新しいビジョンを伝え、強化してくれるようなシンボルの採用と修正まで、多岐にわたる。

シンボルの使用に関しては、AT&Tの事例が興味深い。同社は「ベル」という名前とロゴの使用をやめることで、「マーベルはもういない」というブラウンのメッセージを社内外に印象づけた。円のなかに鐘を描いたお馴染みのロゴは、電子通信を象徴する帯で囲まれた地球マークに変わった。同社の広報資料によれば、この新しいシンボルは「AT&Tの事業と未来の新しい側面をあらわしている」という。[*12]

新しいビジョンを組織に定着させる

ビジョンをつくり、コミットメントを形成できたら、次に待っているのはリーダーにとって、おそらくはもっとも困難な仕事だ。それは新しいビジョンとミッションを組織に定着させることである。

二五〇〇年前の中国で活躍した著名な武将、孫武（孫子）にはこんな逸話がある。王から兵隊の訓練を命じられた孫武は、兵士たちを鍛え上げ、成果を見てほしいと王に願い出たが、王は見たくないと言った。それを聞いた孫武は、静かにこう言った。「王は言葉を好むのみで、その言葉を行動に移すことはできない」[*13]。言葉、シンボル、表現、研修、採用――これらはみな必要なものではあるが、それだけでは十分とは言えない。新しいビジョンがもたらす新しい価値観と行動パターンに合わせて、マネジメントのプロセス、組織の構造、経営の手法も変えていく必要があるのだ。

わかりやすい例をひとつ挙げよう。AT&Tが事業分割後にまず取り組んだのは、地域ではなく全国に照準を合わせた事業部制への移行だった。この大がかりな変化を実現するために、同社はまず一万三〇〇〇人の従業員を将来有望な事業部や子会社に異動させ、本社に残ったエグゼクティブは、新生AT&Tにふさわしい方針、戦略、財務管理のフレームワークに従って再配置した。

しかし、こうした変化は一朝一夕には実現しない。ほとんどの企業がそうであるように、AT&Tも新しいビジョンが社内に根を下ろすまで、組織を改革しつづけなければならなかった。同社は一九八〇年代半ばに数万人を、一九九〇年代にはそれを上回る数の従業員を解雇した。

コンピュータ事業に何十億ドルも投じてNCRを買収したが、この試みは失敗に終わり、のちにNCRは分離された。また携帯電話事業への進出が遅れたため、多額を投じてマッコーセルラーを買収し、通信開発・製造事業を切り離して、ルーセントテクノロジーズを立ち上げた。ほかにも無数の修正が加えられたが、そのたびに組織全体の構成を見直さなければならなかった。

この例が示しているように、意図を実現するのは難しい。そのためには組織のミッションや構造、人事システムだけでなく、そのシステムを動かしている政治的、文化的な力も考慮しなければならない。たとえばクライスラーでは、アイアコッカが来るまで、社内政治の基本構造は何年も変わっていなかった。新社長に就任したアイアコッカは、ただちに社外の利害関係者とのつながりを見直し、政府から新たな補助金を引きだしたほか、UAW（全米自動車労働組合）の会長だったダグラス・フレーザーを取締役に迎えた。

アイアコッカは企業文化の領域でも目覚ましい成果をあげた。クライスラーを建て直すためには、社内の価値観を改革し、従業員が「敗者」ではなく「勝者」の感覚を持てるようにする必要があったが、これは難題だった。実際に業績が悪かっただけでなく、政府に「救済」されたという不名誉な過去があるからだ。改革に利用できる資源も競合他社より少なかった。しかしアイアコッカは、社員に頻繁にメッセージを送るのはもちろん、自社の広告に自ら出演し、社員に対するメッセージをさらに印象づけることで、この挑戦を見事に乗り越えた。一、二年後には、クライスラーは勝利を貪欲に追いかけ、それをつかみとるだけの力を備えた組織へと変わっていた。*14

先頭に立って指揮をとる

何度も述べてきたように、有能なリーダーは社会構造をつくり、ものごとの意味を管理する。あたりまえのことだと思うかもしれないが、実践するのは難しい。

この難題を見事に成し遂げたリーダーを分析した結果、我々はひとつの教訓を得た。それは「いくつもの単純であたりまえのことを確実にこなす」というものだ。このような言い方をすると、社会構造をつくる難しさを軽く考えているとか、過小評価していると思われるかもしれない。しかし、それは違う。ふりかえってみると、有能なリーダーたちはみな常識を働かせているのだ。

リー・アイアコッカの場合は、明るさと自信、そして自分のメッセージを社会（と間接的には社員）に伝える能力が、状況を変える力になった。AT&Tはロゴだけでなく、オペレーションも改革し、地域ではなく全国に照準を合わせた事業部制を取り入れた。

社会構造の変革に取り組むときは、新しいCEOを迎える企業が多い。おそらくは世界でもっとも成功しているヘルスケア企業、ジョンソン・エンド・ジョンソンの元会長兼CEOのジム・バークは、同社の社会構造は今も昔もさまざまなものの影響を受けていると言う。バークと、創業者の息子で元会長のロバート・ウッド・ジョンソンは、「分別があり、お互いをよく知っている少数のメンバーからなる集団は、たいていの問題を解決できる」と信じていた。[*15] 二人はどちらも、少人数の自律的な集団が持つ力を確信していたので、同社では組織の分権化と分散化が戦略的に進められた。しかしバークは同時に「信条（credo）」の影響力も認め、評価している。「信条」とは、企業の公的・社会的責任に対するジョンソンの考えをまとめた文書だ。この文書がマネジャーに与える影響を、バークは次のように説明している。

わが社のマネジャーはみな、日々の利益に注目しています。これは事業を成功させるためには欠かせない視点ですが、我々を含め、企業で働く人間というのは、「これはやったほうがいいな。さもないと短期の数字に影響が出るから」と考えがちです。でも「信条」を読めば、こう言うことができる。「いや待てよ。こんなことをする必要はない。経営陣は長期的な結果が大事だと言っていたし、私がこの原則に従って行動することを望んでいる。だから、これはしないでおこう」[*16]

とはいえバークは、「信条」だけで社会構造をつくり、維持することはできないとも言う。ジョンソン・エンド・ジョンソンに「信条」を知らない社員はひとりもいなかったが、これを形ばかりのものと考える人もいた。そこで彼は、「信条」の背景にある価値観をマネジャーたちに説明しようと思い立った。当時を、彼は次のようにふりかえる。

私の前任者を含め、一部の人々は「信条」を熱烈に支持していましたが、すべての事業部のマネジャーがそうだったわけではありません。「信条」を建て前と見なす風潮が社内に広がりはじめていました。そこで私は主要な幹部を二〇人ほど集め、こう迫りました。「ここに『信条』がある。これを行動の指針にするつもりがないなら、破り捨てよう。内容を変えたいと思うなら、どう変えるべきか言ってほしい。従うか、捨てるか、二つに一つだ」

議論は白熱しました。それは私たちが、参加者自身の価値観を問いただしたからです。会議が終わる頃には、全員が「信条」を深く理解し、その価値を確信するようになっていました。のちに私はデーブ・クレアと世界中の支社をまわり、少人数の会議を開いて、現地のマネジャーたちと「信条」を話し合うようになりました。

他人に信念や考えを押しつけることはできません。それは私も承知しています。でも私自身がビジネスの成功に必要なものを真に理解しているなら、そのような哲学がビジネスの成功に寄与することを、事実をとおして伝えられるはず……それこそ、ジョンソン・エンド・ジョンソンで起きたことでした。[*17]

タイレノール危機で同社が見せた対応は、社外の人々にも「信条」の力を知らしめることになった。ワシントンポスト紙は次のように書いている。「ジョンソン・エンド・ジョンソンは、〝どんなにコストがかかっても正しいことをしようとする会社〟というイメージを確立した」[*18]

インテルの社会構造をつくり、維持しているものも、多様でありながら単純、単純でありながら複雑だ。

同社の社会構造の大きな特徴のひとつに、「大学プログラム」がある。このプログラムには八〇以上のコースがあり、会長から現場のスタッフまで、多くの社員が学んだり、教えたりしている。たとえば社長のアンディ・グローブは、自分のリーダーシップ哲学とインテルの文化をまとめた「創造的対立（creative confrontation）」というコースをつくり、現在も教えている。

リーダーシップに関するコースの開発には、本書の著者のひとりもコンサルタントとして参加し、開講前には経営陣と二日間の合宿を行って、彼らを直接指導した。このときに明らかになった問題点は、その後二、三カ月をかけて修正された。現在は経営メンバー自身が、このコースを教えている。

アンディ・グローブは、ときどき非公式の「カラフルな」メモを社員に送る。このメモを受け取った者は、その内容が肯定的なものだろうと否定的なものだろうと、全員が閲覧できる場所に貼りださなければならない。著者が最初に目にしたメモは、ある経営幹部がグローブに送った手紙を、グローブがそのまま送り返したもので、赤インクで紙いっぱいに、「ごまかすな！　もう一度やれ！」と書かれていた。

ジョンソン・エンド・ジョンソンのジム・バークは幹部委員会を活用し、MCIを率いたウィリアム・マクゴワンはたえず社員に話しかけた。これはピーターズとウォーターマンが提唱した「現場を歩くマネジメント（management by wandering around）」の好例だ。「手本を見せる」リーダーもいれば、「指示を出す」リーダーもいる。しかし社会構造をつくるという仕事を人まかせにして、成果をあげたリーダーはひとりもいない。社会構造に影響を与える行動を何もとらなかったり、そのような行動を回避したりして成果をあげたリーダーも皆無だった。

社会構造の変革は、昆虫の変態のようなものだ。昆虫の変態が、「どんなに高慢な毛虫にも変化を迫る」[*19]ように、社会構造の変革は、規模や社会構造の種類を問わず、あらゆる組織が経験する。その際には、組織やオペレーション、技術などの面で、気が遠くなるほど複雑な問題に取り組まなければならない。我々の考えでは、これは今日のマネジメントが直面する、もっとも困難な仕事だ。しかし市場はますます厳しさを増しており、何らかの方法で活力を取り戻さないかぎり、成熟した組織が生き残ることはできない。

組織を変革するためには、特別なリーダーシップがいる。このようなリーダーシップなくして、組織は自らを変革することも、目標を達成することもできない。

5 戦略Ⅲ

「ポジショニング」で信頼を勝ち取る

人民を信じぬ統治者は、人民の不信を買う。
よい統治者は、何も語らず、
功を挙げ、ことを成し遂げる。
そして人民は言う。それを成し遂げたのは我らなり、と。

――老子

フランク・デールが新しい発行人に就任したとき、ロサンゼルス・ヘラルド・イグザミナー紙は一〇年にわたるストライキを終えたばかりで、社内にはまだ敵意がみなぎっていた。当時の様子をデールはこう語る。「誰もが好奇心を失い、ぼんやりとしていました。何にも関心を持たず、ただそこにいるだけ……事態は深刻でした」

新しい職場で彼がまずしたことは、全員にあいさつをし、これまでの忠誠に感謝すること、そして懸念や不満を口に出してもらうことだった。「勝算は？」という質問に、彼はこう答えている。「まだわかりません。でも三〇日後には、状況をお知らせできると思います」デールはロサンゼルス・ヘラルド・イグザミナー紙の発行元であるハーストコーポレーションから優秀な人材をかき集め、問題点をあぶりだすための特別チームをつくった。そして一カ月後には、やるべきことを報告書の形にまとめてスタッフと検討した。これは相互信頼を確立するための重要な一歩だった。この信頼がなければ、彼がリーダーシップを発揮することは不可能だったろう。

信頼は、フォロワーとリーダーを結びつける心の接着剤だ。リーダーの正当性は、どれだけ信頼を積み重ねてきたかではかられる。

信頼は強制することも、買うこともできない。それは努力によって獲得するものだ。信頼とは組織に欠かせないもの、組織が機能するための潤滑油であり、前述したように、リーダーシップと同じくらい神秘的で、とらえどころがない。そしてリーダーシップと同じくらい重要な概念である。

信頼についてはっきり言えることがあるとすれば、予測可能性（行動を予測できること）が不可欠だということだ。信頼のない組織は、カフカの小説『城』に出てくる得体の知れない悪夢のようなもので、確実なものは何もなく、頼りになる人も責任を負う人もいない。結果を高い確率で予測できるという事実が、信頼を生み、維持するのだ。

リーダーとフォロワーが信頼関係を築くためには、次の二つの条件がそろう必要がある。

●組織に対するリーダーのビジョンが明確で、魅力的で、実現可能であること。このようなビジョンを描くリーダーは信頼される。なぜなら従業員はビジョンをとおして、組織の目標を共有するからだ。

●リーダーのポジション（立場、位置）が明確であること。組織内での位置が明確なリーダー、組織を市場のどこに位置づけているかがわかっているリーダーは、周囲の信頼を得やすい。

ビジョンとポジションの関係は、思考と行動、アイディアと実践の関係に似ている。もちろん3章で述べたように、ビジョンは人々の関心を引きつけるための重要な触媒でもある。

本章では、信頼によるマネジメントのなかでも、とくに複雑でわかりにくい「ポジショニング」に注目する。ポジショニングの重要性は、いくら強調してもしきれない。組織にとっては、それはビジョンと対をなすものであり、リーダーのビジョンに命を吹き込むものでもある。

組織のポジショニングの留意点

製品のポジショニングは、マーケティングマネジャーの間ではおなじみの概念だ。たとえば自動車会社なら、自社の製品を図4のように位置づけることができる。市場での位置が明確になれば、それをもとに製品のスタイル、価格、広告プランを決めていける。従業員や顧客、マネジャー、株主も、その製品を出す意味や会社の意図を理解できる。

この考え方を組織にも広げると、リーダーに求められる行動をうまく説明できるだろう。「組織のポジショニング」とは、組織が外部環境の適切な場所に自らを位置づけ、それを確立し、維持していくプロセスだ。ここには組織の内部

図4◉製品のポジショニング
（出典：Chrysler Corp.Wall Street Journal, March 22, 1984, p.35.）

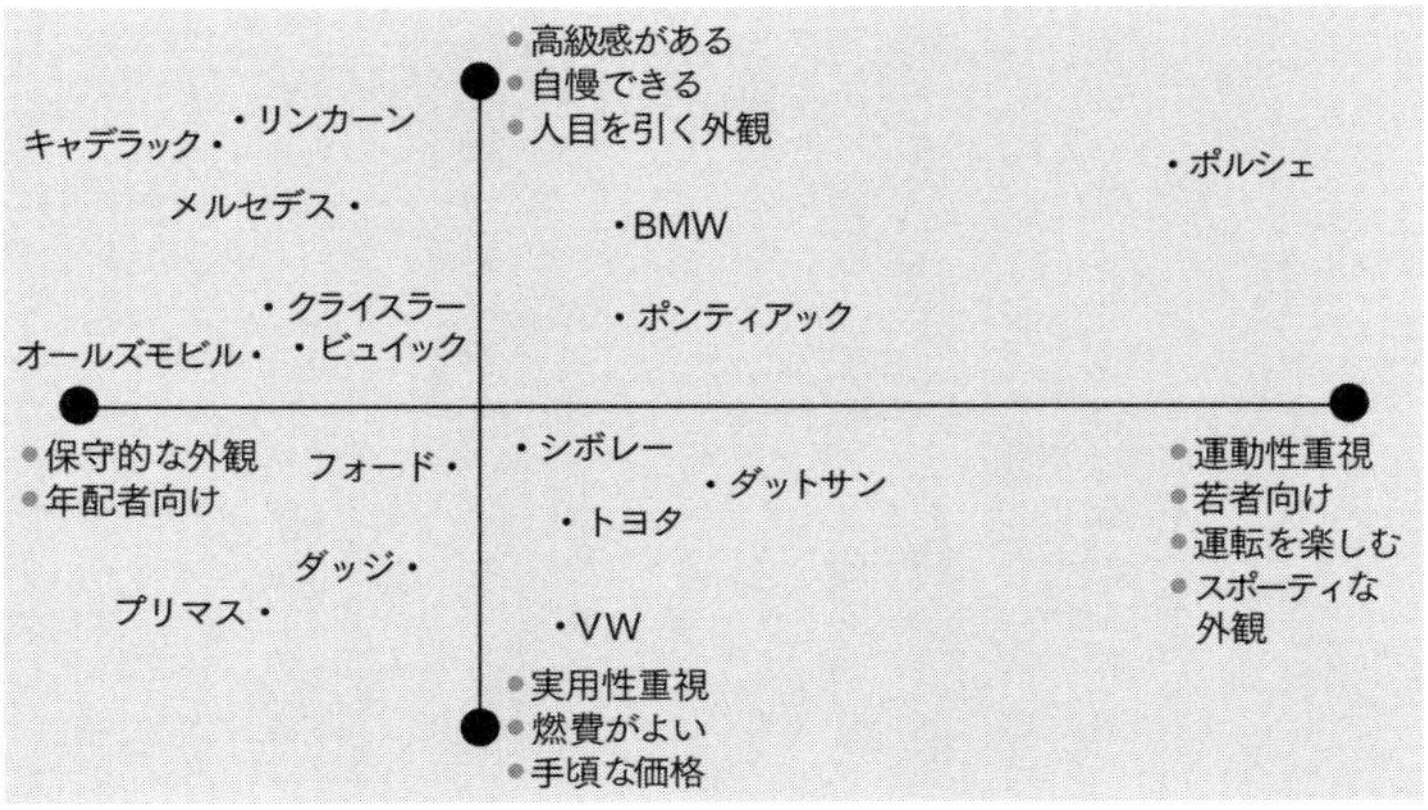

環境と外部環境を一致させるために、リーダーがすべきことのすべてが含まれている。

これを実践したのが、有名な成功企業のKFC（元ケンタッキー・フライド・チキン）だ。女性の雇用拡大、離婚率の上昇、生活費の高騰、核家族化といった環境要因がいくつも重なった結果、この数十年で単身・共働き世帯は大幅に増えた。こうした人々には料理をつくる時間がほとんどないことに気づいたKFCのリーダーたちは、ここに活路を見出した。それは手軽に買えて、すぐに食卓に出せる、安価で、出来たての、頼みになる食べ物に対する消費者のニーズに応えることだ。KFCは、このポジショニングに従って会社をまるごとつくりかえた。安価な原料でつくられる、独特の味わいを持つ商品、安い労働力と標準化された設備・手順によって、安定した品質の品を短時間でつくりだす生産プロセス、圧倒的なスケールメリットと厳しい品質管理によって品質を維持する仕入れシステム、アクセスと視認性にすぐれた数千の小規模店舗からなる販売システム、財務と販売促進と仕入れは中央で管理し、製造と販売はできるかぎり分散する経営構造――つまり外部環境のニーズに合わせて、組織の内部を徹底的につくりかえたのだ。

組織のポジショニングという考え方は、レンタカーのエイビスからボストンポップス・オーケストラ、ボーイスカウト、若者向けの娯楽施設、そしてカリフォルニア大学の経営大学院まで、あらゆる組織にあてはまる。この意味では、組織は生命体に似ている。組織も生命体も、正しく機能し、成長するためには、自らが置かれている環境のなかで適切な居場所を見つけなければならない。適応する間もないまま、環境がとつぜん変わると、組織も生命体と同じように死んでしまう。破産裁判所に行けば、その実例をいくらでも見つけられるはずだ。

しかし両者には違うところも少なくない。

第一に、組織が置かれている環境は自然環境よりもはるかに複雑だ。物理的な要素だけでなく、人為的な要素も働いているからである。物理的な環境と違って、人為的な要素は不規則で、突発的で、合理性がなく、予測できない。しかも組織は一次的環境（供給業者、消費者、関連組織など）だけでなく、制約は受けても直接的には管理することのできない技術、法、社会、経済、制度的構造にも対応する必要がある。次ページの表2は、四種類の組織（企業、大学、病院、公的機関）を取り巻いている一次的・二次的環境をまとめたものだ。

組織と生命体の二つ目の違いは、時間だ。ほとんどの自然体系では、変化は非常にゆっくりとしたペースでしか起こらない。ときには数千年単位ということもある。それに対して、人間の世界では変化は頻繁に起きるため、現代の組織では変化に対応する能力が何よりも重視される。これは三つ目の違いにつながる。すなわち、生命体は自然選択によって変化するが、組織は自らの選択によって変化するというものだ。

組織のポジショニングは、組織にふさわしい居場所を設計することと不可分の関係にある。

表2◉組織の外部環境

環境	企業	大学	病院	公的機関
一次的環境				
①供給者	銀行 労働組合 商品・サービスの供給者	高校 教授 出版社 労働市場 寄付者・資金提供機関 供給者	保険会社 医師 労働市場 寄付者 供給者	納税者 公務員 商品・サービスの供給者 政治家
②消費者	顧客 株主	学生 患者 研究コミュニティ 卒業生 従業員	一般大衆 研究コミュニティ	サービスの受益者 民間セクター
③関係組織	競合他社 広告代理店 監査役 規制機関 コンサルタント	専門家団体 卒業生 メディア 銀行 認定組織 理事会	医学コミュニティ 大学病院 理事会 ボランティア団体 医療保険 製薬会社	他の公的機関 教育コミュニティ コンサルタント 市民団体 議会 裁判所 世論調査団体
二次的環境				
①技術	製品技術 生産技術 研究コミュニティ 特許	最新の学問分野 教育システム コンピュータ	医療技術 管理システム 薬理学	行政システム 研究コミュニティ 通信技術
②政治/法	税法 ロビー活動 補助金・規制	公的奨学金 連邦裁判所 著作権法 終身在職権	医療保障制度 医療費控除 FDA 許認可機関	授権法 裁判所の決定 現職政治家
③社会	大衆の態度 消費者運動 人口統計学的要因	大衆の態度 人口統計学的要因 学位のステータス	大衆の態度 健康ブーム 環境保護運動	大衆の態度 特別利益団体 クライアント集団(貧困層、高齢者等)のニーズ
④経済	国際貿易 国内の事業環境 市場動向 金利	教員の給与 国内の事業環境 インフレ 雇用	医療費 国内の事業環境	国内の景気 予算 世界経済
⑤制度	産業構造 取引慣行 監査基準 証券市場	教員市場 入学試験 同窓会 競技会	老人ホーム 医学会 公衆衛生 HMO	メディア慣行 公聴会 委員会 官庁

もっと言えば、一次的環境のすべてと二次的環境の多くは、実際には組織自身が選んでいるのだ。たとえばＫＦＣは自社のポジションを定めるとき、環境に関する選択を数多く行った。次に掲げたのは、その一例だ。

- ●標的とする消費者集団と、その集団と交流する際のルール
- ●業者の種類と契約条件
- ●店舗の場所
- ●接触するメディア、労働市場、技術等の種類

以上の三点（複雑さ、時間、選択）こそ、組織と生命体を隔てるものであり、組織をポジショニングするときに、リーダーがまず考えなければならないことだ。

革新的な資産担保型融資を提供するフットヒルグループの元会長兼ＣＥＯドナルド・ギバーツは、ポジショニングについてこう述べている。

わが社が成長できたのは、ひとつには市場のなかに自社に適したポジションを見つけ、そのニッチをたえず広げる努力をしてきたからです。

典型的な例をひとつ挙げましょう。MBAを持つ若手社員を石油採掘場に送り、住み込みで市場を調査させたことがあります。彼は腰まである長靴をはき、採掘工と同じような服を着て、小さな銀行や石油採掘業者をまわりました。そして四カ月にわたって、彼らのニーズをたんねんに調べました。この調査をもとに、我々はエネルギー資源部門を立ち上げ、石油採掘業者と関連サービス会社への融資を始めました。このような企業は銀行から金を借りることができません。銀行は、こうした仕事につきもののリスクを嫌うからです。

我々は自社のポジションを少し広げ、かつ専門性を高めることで、非常に重要な収益源をつくりだしました。市場が求めていること、必要としているもの、競合他社がしていること、していないことを明らかにし、それをよりよく提供する方法を見つければ、市場は必ず革新できます。私はこれを集中的決定と呼んでいます。

ギバーツが「集中的決定」と呼ぶものを、我々はポジショニングと呼ぶ。彼は石油採掘場という新しい舞台のために、まったく新しい部門をつくり、それを適切な場所に位置づけた。この事業を成功させるためには、新しい顧客に合った商品を考え、エネルギー業界に詳しいマネジャーを育て、顧客の近くに事務所をかまえ、新しい種類の担保を扱うために必要な情報システムを構築する必要があった。「ポジショニング」とは、複雑でたえず変化している環境のな

かに、独創的で、重要で、組織が所有している資源と能力に見合ったニッチをつくりだすことだ。組織が成功できるかどうかは、ポジショニングの成否にかかっていると言っても過言ではない。

組織をポジショニングするための戦略は、主に四つある。リーダーはこのなかから（ときには無意識のうちに）適切なものを選ぶ。

組織のポジショニング戦略①変化したら反応する

変化が起きるのを待って、事後的に反応するアプローチ。これは怠慢なリーダーが選ぶ方法でもあるが（鉄鋼業界がよい例だ）、うまく活用するなら、選択の余地を残すことで状況の変化に柔軟に対応できるという利点もある。たとえばある公益企業は石油への依存度を下げるために、石油以外の燃料も利用できる工場を建設した。

四つのポジショニング戦略のなかでも、これはもっともコストのかからない（そして通常はもっとも近視眼的な）戦略だが、環境の変化がゆるやかで、適応する時間が十分にとれる場合を除いて、うまくいく可能性は低い。我々の知るかぎり、そのような悠長なビジネス環境はめったにない。米国のステレオ産業がほぼ壊滅状態にあることは、その無言の証拠と言えるだろう。我々がインタビューした九〇人のリーダーのなかに、この戦略を採用した人はひとりもいない。

ギバーツの見解をもうひとつ引用しよう。

集中的決定を行う理由はいくつかあります。これは我々が社内で教え、リーダーシップの指針としているものですが、ひとつは「わが社の事業は何か」を考える機会になるというものです。もちろん、わが社の事業は米国の中小企業に抵当融資を提供することです。でも我々は毎年、こんなふうに自問しています。「ほかに活用できる機会はないか。保険会社を買収したり、新しい種類の融資業務に進出したり、消費者金融を始めたりするのはどうだろう?」。そして毎年、「小企業に対する抵当融資を続ける」という集中的決定を下してきました。つまりこれが、「わが社の事業は何か」という問いに対する我々の答えなのです。

彼のこのアプローチは、二つ目の戦略と密接に関わっている。

組織のポジショニング戦略②内部環境を変える

変化が起きるのを待つのではなく、変化の兆しをとらえる仕組みをつくることで、変化に事前に対処することもできる。

短期的には、変化の影響を受けやすい部門に資金や人材、設備などを投入したり、逆に引き揚げたりすることで、リーダーは組織のポジショニングを変更できる。たとえば玩具業界では、一月から三月までの注文をもとにクリスマスシーズンの売り上げを予測し、実際に消費者が動きはじめる前に発注や生産を調整するのが一般的だ。

長期的には、組織構造の改革、研修・教育、選抜、採用、解雇、あるいは特定の価値観を育む企業文化を意図的につくることで（前章参照）、内部環境を変えることができる。現在、まさにこうした歴史的再編のさなかにあるのが証券業界だ。各社とも新しい文化を育てることによって、新しいサービス（投資信託のスーパーマーケット、オンライン取引）、新しい業務手順（小切手の振出し、金融資産の総合口座）、営業地域の拡大（カントリーファンド、世界規模の引受業務）などがもたらす激しい競争に備えようとしている。

組織のポジショニング戦略③外部環境を変える

交響曲の第一楽章が曲全体の基調をつくるように、企業は予想される変化が自社のニーズに沿ったものとなるように、環境そのものに働きかけることもできる。それは広告やロビー活動によってなされることもあれば、他社との提携、あるいは起業家精神や革新によって新しいマーケティングニッチをつくるという形をとることもある。たとえば労働組合は組合員の労働環境を改善するためにストライキを実施し、土地開発業者はプロジェクトから得られる利益を増やすために区画法の改正を求める。先ほど紹介したギバーツは、税制が小企業に有利なものとなるようロビー活動を行った。

組織のポジショニング戦略④外部環境と内部環境を新しい関係で結ぶ

これは変化を予期した組織が、内部環境と予想される外部環境の間に新しい関係をつくる方法だ。短期的には、これは取引や交渉によって内部環境と外部環境の双方を変化させるという形で実現される（例：しばらくストライキはしないという条件で、労働条件の改善を組合に約束する）。長期的には、垂直的統合、合併・買収、革新的なシステムの構築といった方法が用いられる。たとえば米国政府は環境保護局を立ち上げることで、産業界や国民と新しい関係をつくったし、石油会社は外国政府とジョイントベンチャーを設立することが多い。こうしたジョイントベンチャーは、石油会社にとっては新しい形の組織であり、公共セクターの要素（優遇税率、資源の利用など）と民間セクターの要素（民間投資など）をあわせ持つため、外国での事業展開が容易になる。

「QUEST演習」で活路を見出す

ここからは、組織のなかに信頼を築く実際的な方法として、QUEST（Quick Environmental Scanning Technique の略）を紹介しよう。これはリーダーやマネジャー、プランナーなどを集めて、組織のポジショニングに重大な影響を与える可能性のある外部環境を話し合うプロセスだ。この「環境スキャニング」を行うと、組織のポジショニングに取り組む際に、優先度の高い行動を選択できるばかりか、信頼を築くために欠かせない誠実さ、相互尊重、頼りがい、能力、そしてビジョンも手に入る。まずはQUESTセッションの例を見ていこう。

舞台はリゾートホテルの快適な会議室。大手航空会社（「グローバル航空」としよう）の一五人の重役が、QUESTプログラムに参加するために集まっている。会議を招集したのは社長だ。

開始時間が近づくと、社長は部屋をぐるりと見わたし、集まった面々を眺めた。経営チームからは一〇人のメンバーが集まっていた。古株の重役たちはどう反応するだろうと想像した。会議には頭のやわらかい若手の有望株も何人か招いてあった。マーケティング部門からひとり、研究部門からひとり、そして最近買収した子会社からひとり。「部外者」も三人いた。信頼できる航空産業コンサルタント、会社のＰＲをまかせている広告会社の担当者、そしてワシントンの連邦航空局（ＦＡＡ）で働いていた弁護士だ。

社長は会議の開会を宣言すると、まずは航空機の技術革新、労働組合を持たない新興航空会社との競争、空の旅に対する消費者の態度の変化などが航空業界にもたらしつつある変化について、懸念を表明した。今日の会議の目的は、会社の新しい方向性を全員で探ることだ。日々の仕事は脇に置いて、今日は長期的な可能性とリスクについて思うところを述べてほしいと彼は言った。全員とざっくばらんに、楽しみながら、自由に議論することが彼の望みだった。

社長に促されて最初に口火を切ったのは、企画担当ディレクターのウォルター・ポールソンだ。彼は参加者にＱＵＥＳＴの流れを説明した。今日の会議では、グローバル航空の未来に影響を及ぼす力とそれらの相互関係をさまざまな側面から考察する。会議の内容は後日ポールソンが分析し、参加者から出された意見をもとに、未来のシナリオを数種類つくる。完成したレポートに全員が目をとおしたら、再度集まって、それらのシナリオが会社にとって持つ意味を話し合う。

参加者の想像力をかきたてるために、ポールソンは未来を論じた本をいくつか紹介した。アルビン・トフラーの *Third Wave*（『第三の波』中公文庫）、ジョン・ネイスビッツの *Megatrends*（『メガトレンド』三笠書房）、ピーター・Ｆ・ドラッカーの *Managing for the Future: The 1990's and Beyond*（『未来企業』ダイヤモンド社）、そしてチャールズ・ハンディの *The Age of Paradox*（『パラドックスの時代』ジャパンタイムズ）。これらの本の主張は、現在の動向（つまり「従来のやり方」を続けた場合）から未来を推測するという単純なものから、技術や価値観、ライフスタイルなどががらりと変わって社会が劇変するという大胆な予想まで、多岐にわたっていた。

ポールソンは全員に意見を求めた。旅行・観光産業全体を視野に入れるべきだという意見もあったが、最終的には航空事業とそれに直接関連する業務に焦点をしぼることで意見がまとまった。航空業界は変化が激しいので、五年より先の話は考えなくてもよいのではないかという声もあったが、本部長のひとりが、会社のポジショニングに関わる重要な決定（新しい施設の建設、航空機の構成、航路の決定など）は実現までに時間がかかるから、五年後ではまだ形になっていない可能性があると指摘した。そこで一同は、これらの決定が実を結ぶ時期（二〇一〇～二〇二〇年）に焦点を合わせることで合意した。

「来週何が起きるかもわからないのに、一五年先のことなどわかりっこない」とラインの重役がぼやくと、社長はこう答えた。「未来の出来事を正確に予測することは誰にもできない。でも君たちなら、起こりうることをかなりの精度で予測できるはずだ。君たちにはそれだけの知識があるし、それは新しい方向性のリスクを考えるうえでも役立つ」

次にポールソンは、会社の「利害関係者」――つまりグローバル航空の未来に影響を与えたり、影響を受けたりする可能性のある人や集団を挙げてほしいと呼びかけた。すぐに二〇を超える名前が挙がり、彼はそれを大きな紙に書き出していった。乗客、従業員、株主、競合他社、連邦政府、州や市の関係者、グローバル航空の経営陣、取引銀行、そしてある参加者によれば「私の妻」――こうしてすべての利害関係者の名前が挙がった。このうち、もっとも重要なのは誰かとたずねると、上位の三つは乗客、従業員、そして株主だった。次にポールソンは、この三者がむこう二〇年間にグローバル航空に求めること（してほしいこと、してほしくないこと）は何かと問いかけた。すぐに長いリストができた。たとえば「乗客」が求めるものについては、質の高いサービス、安全性、低運賃、スケジュールどおりのフライト、利便性、快適さといった項目が並んだ。

休憩をはさんで、今度は業績指標が話し合われた。ポールソンは参加者にこうたずねた。「二〇年前のグローバル航空を思い出してほしい。この二〇年間で、わが社はどれだけ成功したのか。成功の度合いをはかるためには、どんな指標を使えばいいのか」。収益性、効率、財務リスク、従業員との関係、市場の満足度、安全記録など、約三〇の指標が挙がり、このなかから、もっとも重要なものが五つ選ばれた。この五つの指標は、ポジショニングの選択肢を評価するときも基準として使われた。

次にポールソンはこう質問した。「今から二〇二〇年までの間に、グローバル航空の存続を脅かす出来事が起こるとすれば、それは何か。今はありえないように思えても、会社として注意を払うべきことはないだろうか。手始めに、航空産業の構造や競争関係に影響を与える可能性のある出来事を考えてみてほしい」。活発な議論の末、四五の出来事が挙がった。以下はその一部だ。

競争や産業構造に影響を与える可能性のある出来事

①特定の空港からのフライトが制限される。
②パイロットが全国規模の労働組合を組織する。
③今は労働組合を持っていない専門職の労働者が、労働組合に加入できるようになる。
④大手航空会社の航空機が近代化される。
⑤特定の大手航空会社が急激に勢力を拡大する。
⑥重大な航空機事故が続く。
⑦航空テロが急増する。
⑧大手航空会社が倒産する。
⑨予約システムがコンピュータ化され、乗客が自分のＰＣから最安値の航空券を購入できるよ

うになる。
⑩航空券の先物市場ができる。
⑪大企業が航空事業に新規参入する。
⑫ファーストクラスのみを扱う航空会社ができる。
⑬大手航空会社とバス会社が合併する。
⑭大手航空会社同士が合併する。
⑮格安航空会社が勢力を拡大する。
⑯国外の航空会社が米国市場に参入する。
⑰旅行会社または金融会社が航空会社を買収する。
⑱双方向ケーブルテレビを使って、家にいながらにして航空券を購入し、旅行情報を入手できるようになる。
⑲航空会社が国有化される。
⑳幅広く使われている機種に安全上のリスクがあることが公表される。

今後二〇年間に予想される政府の行動についても、ブレインストーミングが行われた。その結果、「地方自治体による規制が厳しくなる」、「新しい安全規制が導入される」、「破綻した航空会社に公的資金が注入される」など、約三〇の項目が挙がった。

昼食後は、技術（都市間の高速鉄道輸送、自動化による人員削減、短距離離着陸機）、経済発展（石油供給の大規模な停止、急激なインフレ）、消費者（旅行のニーズの低下、自家用機の普及）といったテーマや、人的資源、資本市場、国際情勢に関する問題について議論が行われた。午後三時を回る頃には、出来事のリストは二〇〇を超えたため、もっとも重要度の高いものを投票で選ぶことになった。

投票結果を集計してみると、ほとんどの票は一二の出来事に集中していることがわかった。この一二の出来事こそ、組織をポジショニングする際に注目すべきものだ。参加者はこれらの項目をひとつずつ慎重に検討し、それぞれの意味を明らかにしていった。たとえば当初は「効率化」、「航空会社の倒産」、「出張の減少」、「規制」といった言葉であらわされていたものは、次のように明確化された。

①効率化：技術が進歩した結果、人間が行う必要のある仕事が二五％以上減る。
②航空会社の倒産：ひとつまたは複数の大手航空会社が破産を申請する。
③出張の減少：テレビ会議などの先進的なコンピュータ・通信技術が普及したために、航空機を利用した出張の伸びが頭打ちになる。

④規制：航空産業の自由化にブレーキがかかり、航空会社の経営安定や安全性向上のために、ふたたび規制が始まる。

一二の出来事をすべて定義し終えると、ポールソンは全員に、それらの出来事が二〇二〇年までに起きる可能性を書いてほしいと頼んだ。全員の予想をつき合わせてみると、おおむね一致している出来事もあれば、一致していない出来事もあった。ポールソンは後者に注目し、それらの出来事が起きる可能性をとくに高く、あるいは低く評価した人々に理由をたずねた。そして再度、一二の出来事が起きる可能性を全員に評価してもらうと、今度はだいたい同じような結果になった。必要なのは、むりやり意見を一致させることではなく、一致しない理由を理解することだとポールソンは言った。

一二の出来事はすべて、グローバル航空に大きな影響を与えると参加者が判断したものだが、そのうち起きる可能性も高いと見なされたものについては、ポジショニングを考えるときは必ず注目しなければならない。とはいえ起きる可能性が低いと判断された出来事についても、継続的に監視し、定期的に再検討していく必要がある。

すでに日は暮れかかっていたが、やるべきことはもうひとつあった。ポールソンは簡単な表（次ページ図5）を使って、「クロス・インパクト・マトリクス」の考え方を紹介した。これは

図5◉クロス・インパクト・マトリクス

ある出来事が、別の出来事や傾向の発生率に及ぼす影響を「＋３」（起きる可能性が著しく上昇）から「－３」（起きる可能性が著しく低下）の範囲で記入する。濃いグレーの部分は無視してよい。例：表内の「+2」という数字は、出張が減ると（縦軸③）、航空会社が倒産する（横軸②）可能性が高まることを示している。

出来事	2000年までに起こる可能性	出来事 ①効率化	出来事 ②航空会社の倒産	出来事 ③出張の減少	出来事 ④規制	傾向 グローバル航空の収益性	傾向 従業員との関係の質
①効率化	.8						
②航空会社の倒産	.9						
③出張の減少	.3		+2				
④規制	.4						

参加者が出来事のつながりをどうとらえているかを理解するためのモデルだ。ポールソンは参加者に紙を一枚ずつ配った。そこには表がひとつ印刷されており、一番左の列と一番上の行に一二の出来事（五つの業績指標を含む）が記入してある以外は空欄になっていた。ポールソンは参加者に空欄部分を埋めるよう頼んだ。

年かさの重役から不満の声が上がった。あまりにも複雑な作業だと思えたからだ。しかし、いざ取りかかってみると、これらの重要な出来事の相関関係を考えるのは、非常に有意義であることがわかった。

三、四〇分後には全員が表を完成させていた。ポールソンは協力に感謝し、今日の経験について感想があれば言ってほしいと呼びかけた。ある参加者は、「自分の考えをほかの人の考えと比べるよい機会になった」と答えた。別の参加者は、「たくさんの意見が出たおかげで、会社を取り巻いている競争環境が複雑化していることがよくわかった。でも、これをまとめるのは大変だと思う」と言った。二つ目の意見について、ポールソンはこう答えた。「それは私の仕事だ。今日出された意見と表をもとに、次の会議のテーマを決めたい。レポートができたら送るので、届いたら少し時間をとって、これらの環境がグローバル航空の戦略に与える意味を考えてほしい」。最後に、参加者の協力と熱意と創造性に対して、社長から感謝の言葉が述べられ、会議は閉会した。その後も、ほとんどの参加者はホテルのバーに残って、何時間も今日の演習について語り合った。

翌日、ポールソンはさっそくレポートの作成にとりかかった。まず気づいたのは、参加者が問題の範囲を絞りすぎていたことだ。議論は乗客と貨物の移動に限定されており、ホテルやレストラン、旅行サービスといった、収益源になる可能性をひめた補完的・競合的事業は考慮されていなかった。そこでレポートではこの点を指摘し、次の会議の議題とすることにした。利害関係者の懸念と業績指標については、重要な利害関係者の懸念が一部しか反映されていないことがわかったので、この点もレポートに盛り込むことにした。

次は、参加者がリストアップした出来事のうち、とくに重要性が高いと評価された上位一二項目には入らなかった出来事を検討した。得票数はそれほど多くない出来事のなかにも、興味深いものはたくさんあるように思えたので、それらもシナリオに入れることにした。

ひとりのスタッフの手を借りて、ポールソンは一五枚のクロス・インパクト・マトリクスを一枚の表にまとめた。予想どおり、出来事の相関関係に対する参加者の考えは、ほぼ一致しているときもあれば、まったく違うときもあった。そこで、意見がばらついたセルに印をつけ、のちほど検討することにした。続いて表の一二の横列を見た。たくさんの書き込みがある列は、その出来事が重要な原動力となること、つまりその出来事が起きると、他の出来事が起きる確率が大きく変わることを示していた。少しずつシナリオのテーマが見えてきた。次に彼は表の縦列をながめた。やはり書き込みが集中している列があった。それは、その出来事が他の出来事に強く影響されることを意味した。単体では起きる可能性は低いが、ある特定の出来事が起きると発生率が急に上がるため、これらの出来事の関係性には注意を払う必要がある。最後に表全体を検討し、グローバル航空の長期的な業績にもっとも大きな影響を与える出来事は何かを探った。

次にポールソンがとりかかったのは、シナリオづくりだ。数種類の短い「ストーリー」を書き、該当する出来事や傾向を盛り込んで、グローバル航空の外部環境がこれからの二〇年間でどう変わるかを矛盾なく、論理的に説明していくつもりだった。

クロス・インパクト・マトリクスと出来事のリストを検討していくうちに、いくつかのパターンが見えてきた。そこで現状にさほど影響を与えない出来事は、「従来どおり」と題したシナリオに分類した。これは相対的に小さな変化しか起こらなかった場合に、環境がどれだけ変化するかを描いたシナリオだ。それ以外の出来事は、現在とはまったく違う未来を示しているように思われたので、次の三種類のシナリオに分類した。「市場主導のシナリオ」、「経済圧力が強まった場合のシナリオ」、そして「政府主導のシナリオ」だ。

市場主導のシナリオは全般に楽観的で、旅行産業や航空産業が大幅に拡大するという前提に立っていた。それに対して、経済圧力が強まった場合のシナリオは、経済状態が悪化すると想定していた。政府主導のシナリオが描いているのは、政府の介入が今よりもずっと強まった場合の未来だ。

どのシナリオも特徴的で矛盾がなく、説得力があり、ポジショニングを考えるときの参考になるよう具体的だった。そして何より、会議で参加者たちが語った未来予想図を反映していた。ポールソンは、これらをもれなくレポートに盛り込むと、会議で参加者たちが作成したすべてのリストを付録としてつけた。そして、その戦略的意味を全員が検討できるように、二回目の会議が開かれる一〇日前に参加者に配った。

二回目の会議は、会社の重役用会議室で開かれた。ポールソンはまずレポートに対するコメントを求め、前回の会議のあとで気づいたことがあれば言ってほしいと呼びかけた。一般的な議論の後、参加者たちは三つのシナリオをひとつずつ検討し、それぞれの環境で会社はどのような強みを発揮しうるか、逆にどのような弱みに注意すべきかを考えた。強みとしては、マネジメント、市場でのイメージ、航路の構成、技術力などが、弱みとしては、労働組合との問題、資金調達の難しさ、一部の新興航空会社と比べると競争力が劣ることなどが指摘された。

続いて、ポールソンは二回目の会議の主題に入った。それは前述した四つのポジショニング戦略のそれぞれについて、グローバル航空が取りうる選択肢を明らかにすることだ。たとえば「変化に反応する」戦略については、次のような選択肢が挙がった。

●環境の変化を早期に察知するための動向監視システムをつくる。
●航空燃料の調達先を広げ、現在の業者への依存度を減らす。
●航空機の設計技術が大きく変わった場合の損害を減らすために、古い機体は売却するか、貸し出す。

「内部環境を変える」戦略についても、さまざまな意見が出された。

●航路の構成を変える。

●機体の設計を変えて、座席数を増やす。
●組織構造を見直しマーケティングに重点を置くとともに、特定の市場セグメントに特化した部門をつくる。

「外部環境を変える」戦略に関しては、次のようなアイディアが挙がった。

●石油不足の際に航空会社が優先的な割当を受けられるよう、ロビー活動を強化する。
●高齢者を対象に、海外旅行への関心を喚起するための新しい広告戦略を立てる。
●飛行機を頻繁に利用する人が、自宅のＰＣから直接、航空券を購入できるシステムをつくる。

最後の「外部環境と内部環境を新しい関係で結ぶ」戦略についても、多くのアイディアが出された。

●利益が出たときは全社員にボーナスを支払う協定を労働組合と結ぶ。
●旅行代理店チェーンを買収する。
●外国政府と合弁契約を結び、その国の国営航空会社の経営に参加する。

二、三時間後には、一五〇を超えるアイディアが挙がった。なかにはあまりにも奇抜で思わず笑ってしまうようなものもあったが、そうしたアイディアからは、全員が創造的で革新的だと認めるようなものが生まれた。

議論が一段落すると、ポールソンは参加者に、長期的に見てグローバル航空にもっとも多くの利益をもたらす行動を一〇個選んでほしいと呼びかけた。昼食後に集計してみると、四つの選択肢が飛び抜けて多くの支持を集めていることがわかった。社長はただちに、この四つを分析するチームをつくることを提案し、分析結果は数カ月後に報告されることになった。

まだ少し時間が残っていたので、ポールソンは分析チームのための指針をまとめようと提案した。参加者たちは四つの選択肢をひとつずつ検討し、さまざまな可能性、予想されるリスクと利益、必要な資源、利害関係者に与える影響などを話し合った。分析チームのリーダーに選ばれた人も、不明点をほかの参加者にたずねることができた。

二回目の会議は、社長の次のような言葉でしめくくられた。

この二回の会議で我々が成し遂げたことを誇りに思う。会社の方向性を全員が理解できたと思うし、検討する価値のある重要な戦略について、合意を形成できたこともうれしか

った。これまでは漠然としていた問題についても、新しい知見が得られたと思う。現在の状況と未来の可能性に対する考えは人それぞれだが、互いに理解し合う努力をしたことで、全員が何かを得たのではないだろうか。

次のステップは行動だ。分析チームのレポートが完成したら、真剣に検討すると約束しよう。これからも今日のように力を合わせていけば、もちろんそうなると確信しているが、わが社の未来は明るい。

協力してくれてありがとう。レポートの完成を心待ちにしている。

その晩、社長は一日の出来事を思い返しながら、マネジメントチームから信頼とコミットメントを得るという点で、今日は飛躍的な進歩があったと感じていた。外部環境に対する理解を共有できたので、参加者は今後、それぞれの持ち場でよりよいマネジメントをするようになるだろう。全員が組織の未来に対する責任を改めて感じたろうし、変化に対する弱さについても多くを学んだはずだ。

一部の参加者にとっては、長期的な未来を考える貴重な機会であり、成長のきっかけになったにちがいない。それ以外の参加者も、セッションをとおして、未来の環境をもっと詳しく、徹底的に分析したいと思うようになったはずだ。

分析チームはこれから、四つの選択肢がもたらす長期的な影響をじっくり検討することになる。そしておそらくは今回の会議のように、自分たちの意見を外部の人々の考えと比べたいと思うようになるだろう。

三つの教訓

二日間の演習をしさえすれば、必ず信頼を確立できると言っているわけではない。言うまでもなく、信頼とはさまざまな状況のなかで、長い時間をかけてつくられるものだ。しかしQUEST演習が、信頼を築くために必要なたくさんのものを明らかにしてくれることは間違いない。この演習は、信頼を生みだすために個人や組織に必要なもの、たとえば相互尊重や能力、誠実さなどをリーダーが示す機会にもなる。

ハロルド・ウィリアムズは、SEC（証券取引委員会）の委員長になってまもない頃、これを実感するような出来事を経験した。

（SEC時代に関して）満足していることがあるとすれば、それは自分の価値観を貫いたことです。信じている道があるなら、進むべき方向を選ぶときもタイミングを選ぶときも、それに従うべきです。困難なときもあるでしょう。たとえばマスコミにあることないことを書きたてられたり、連邦議会から圧力をかけられたり、ときには自分の部下が裏で情報を流していたり、実業界から一斉攻撃を受けたりすることもあるかもしれない。実際、こうしたことが同時に起こって、ストレスに押しつぶされそうになったこともありました。でも自分は正しいと信じているなら、自分なりに誠意を尽くすなら――結局はそれが肝心なのですが――要するに、「私は自分のしていることを信じている」と言えるなら、それを貫かなければなりません。少なくとも私は自分の道を変えませんでしたし、そのことを今も誇りに思っています。

最後に、ＱＵＥＳＴ演習のもっとも重要な側面であるビジョンとポジショニングに話を戻そう。この二つは、本章のテーマである「信頼によるマネジメント」の核心をなすものでもある。まずはポジショニングと信頼が、リーダーの基本的な活動にどう織り込まれているかを考えてほしい。

①すべてのリーダーは、変化に対する抵抗をいかに乗り越えるかという問題に直面する。人が変化に抵抗するのは、目的がわからないとき、変化が引き起こす不安や混乱があまりにも

大きいとき、変化が自分や組織に悪影響を与えると感じるときだ。抵抗を力ずくで押さえ込もうとするリーダーもいるが、強制されていると感じると、抵抗はさらに強まることが多い。それよりも、オープンな対話、参加、相互信頼によって、自発的なコミットメントを引き出すほうがはるかによい。有能なリーダーたち（我々がインタビューしたリーダーのほとんど）はキャリアの早い段階でこのことを学んだ。我々が話を聞いたリーダーのひとりで、ある有名な交響楽団の指揮者だった人物は次のように語っている。

「交響楽団」と呼ばれる小さな島のなかで、私は真の「チヴィルタ（civilta）」つまり対等な者同士の思いやりに根ざした礼儀とは何かを学びました。あれは錯覚ではなかったと思います。否定的な言葉を使う必要はありませんでした。どんなに緊迫した状況でも、私は自分の考えを楽団員たちに押しつける代わりに、説明しました。たとえ正しい反応でも、強制されたものと、本人の信念から出たものとでは違うからです。

②リーダーはポジショニングをとおして、利害と環境を共有し、相互信頼で結ばれた新しいコミュニティをつくりだす。グローバル航空がそうだったように、こうしたコミュニティは通常、組織のなかにつくられるが、最近は一部の顧客や業者ともコミュニティ意識を共有

し、製品のデザインや流通といった重要な問題を、ともに考えようとするリーダーもあらわれつつある。このコミュニティ意識が、他社との提携や合併、ジョイントベンチャーにまで拡大するケースもある。その好例が日本の総合商社であり、マイクロソフト（ウィンドウズ）とインテルによる「ウィンテル連合」だ。

利害を共有するコミュニティをつくるためには、リーダーが政治家の役割を担わなければならない。多様な利害関係者のニーズを調整し、全員からコミットメントを引き出すためには、すぐれた交渉力が必要だ。あらゆる構成員のニーズに敏感で、オープンで、正直で、すべてにおいて信頼でき、なおかつ組織の利益も守ることのできる人、それこそ求められるリーダーである。

ジョン・ガードナーが述べたように、「コミュニティを構築ないし再構築するスキルは、現代のリーダーに求められる無数の要件のひとつではない。それはリーダーが発揮しうる、もっとも高度で、もっとも欠くことのできないスキルのひとつなのだ」[*1]

③リーダーは、人々の行動を律している倫理や規範に責任を負っている。組織に倫理を根づかせる方法はいくつかあるが、そのひとつはリーダーが自らの行動をとおして、そうした倫理への支持を表明することだ。これを実践しているのが、オハイオ州オービルにあるJ・

M・スマッカー・カンパニーである。

同社は米国のジャム・ゼリー市場を独占し、市場シェアは二位の企業の三倍近い。創業者のスマッカーは、すべての商品ラベルに手書きで署名をするほど自社の商品に誇りを持っていた。今も同社のリーダーたちは、誠実さ、社会的責任、そして高い倫理基準を体現している。たとえば同社のモットーは、すべてのビンに顧客が支払った分よりも少し多くをつめることだ。性や暴力を扱ったテレビ番組には広告を出さない。すべての商品ラベルに栄養成分を記載したのも、業界では初だった。また義務はないのに、すべての工場にフルタイムの連邦検査官を配置し、その費用を負担している。この会社には、仕事から手を抜こうとする者は誰もいない。

リーダーは、仕事仲間を慎重に選び、組織に目的意識を与え、好ましい行動を奨励し、道徳的態度を組織の内外にはっきりと示すことで、組織のなかにしかるべき気風をつくりあげる。

結局は、信頼も、誠実さも、ポジショニングも、すべてのリーダーに備わっているものを異なる側面から描いているにすぎない。それは、組織が自らや環境と調和し、ひとつの生命体として機能できるように、自分の役割を果たしている人々をまとめあげる能力である。

6 戦略Ⅳ 自己を創造的に活かす

我々はみな恐れている――自分自身を、未来を、そして世界を。人間の想像力は、そのようにできているのだ。それでもすべての人間、すべての文明は前に進んできた。自分の役割を果たすために。自分の能力、知性、そして心をひとつにすることで、人間は進歩してきたのだ。

――ジェイコブ・ブロノフスキー（『人間の進歩』一九七三年）

九〇人のリーダーに、組織を動かすために必要だった資質は何かとたずねたところ、カリスマ性や服装、時間管理、大衆紙がさかんに書き立てているような薄っぺらい「秘訣」などを挙げた人はひとりもいなかった。代わりに彼らが語ったのは、粘り強さと自己認識、リスクを取る勇気と失敗を受け入れる覚悟、コミットメント、一貫性、そして挑戦だ。なかでももっとも多くのリーダーが口にしたのは、学ぶことの大切さである。

リーダーはたえず学んでいる。たとえばハリー・トルーマンは〝本の虫〟だった。彼は、少年時代に町の図書館にいりびたって、数千冊の蔵書を百科事典の類にいたるまで読破した逸話を持つ。

しかし多くのリーダーは本ではなく、人間から学ぶ。フットヒルグループ元会長兼CEOのドン・ギバーツは、政治家や学者と親しく交わっているし、ウォルマート帝国を創業したサム・ウォルトンは、顧客と長い時間を過ごしたことで知られる。

経験から学ぶことも、リーダーが得意とするところだ。我々が話を聞いたリーダーのほとんどは、自分の哲学、人格、夢、仕事のやり方に大きな影響を与えた師や決定的な経験を挙げることができた。そして全員が、自分は「全力を尽くしている」、「成長している」、「未知の領域を切り開いている」と考えていた。

学習は、リーダーにとって欠くことのできない燃料だ。リーダーは学習という強力な燃料を使って、新しい理解、新しいアイディア、新しい挑戦に火をつけ、現在の勢いを維持する。今日のような複雑で変化の速い時代には、こうした燃料が欠かせない。端的に言えば、学ばない者は、リーダーとしても長くは活躍できないのだ。

しかし人間なら、誰でも常に何かを学んでいるのではないだろうか。リーダーの何が特別なのだろう。数々のインタビューをとおして、我々が得た答えはこうだ。リーダーは単に学ぶのではなく、組織という文脈のなかで学ぶ。組織にとってもっとも重要な問題に集中し、組織という環境を使って学習する。

大きな成功をおさめたリーダーたちは、ドナルド・マイケルが言うところの「新しい能力」を備えていた。それは次のようなものだ。

①不確実性を認め、共有する能力
②間違いを受け入れ、活かす能力
③未来を見すえて、行動する能力
④円滑な人間関係を築く能力（例：話をよく聞く、人を育てる、価値観の衝突に対処する）
⑤自分を知る能力*1

リーダーと話をしていると、こうしたスキルの話が何度も出てくる。あるリーダーは、先の見えないプロジェクトに取り組んだときの話をし、別のリーダーは失敗からいかに学んだかを語った。仮定や優先順位を見直すために、メンバーと目標設定の訓練に励んでいるリーダーもいれば、対人能力を活かして、メンバーをアイディア探しに巻き込んでいるリーダー、見識豊かな同僚や社外の専門家と話をすることで、たえず自分の限界や偏見を理解しようとしているリーダーもいた。

こうした活動をとおして、リーダーは特別な種類の学習、つまり「組織の文脈のなかで学ぶ」ことに熟達していく。さらに重要なのは、組織学習においてリーダーが果たす役割、すなわち「組織」という集合的自己のマネジメントだ。これこそ、リーダーとそれ以外の人々の学習を決定的に隔てるものである。

学習する組織をつくる

ＡＴ＆Ｔは、米国司法省から二年以内に二二の運営子会社（時価総額一二五〇億ドル以上）を分離するよう命じられた。これは同社にとって単なる大規模な再構築ではなく、組織の性質を根本からつくり変えることを意味した。規制と保護の対象だった公益会社から、他社と競争し、リスクをとる企業へ――。経営陣や各部門のリーダーだけでなく、同社と関わるすべての人が、個人または集団として、新しいやり方を身につけなければならなかった。仕事の内容も、人間関係、業務の進め方、目標、価値観、戦略も一変した。リーダーとして、この危険な移行を指揮したのは会長のチャールズ・Ｌ・ブラウンである。

ＡＴ＆Ｔの例は極端ではあるが、決して特別なものではない。組織はたえず変化している。

変化は、企業の合併や工場の移転のように急激で痛みを伴う場合もあるが、たいていはゆっくりと少しずつ進む。ある部門で新製品を発売し、別の部門でレイオフを実行し、また別の部門でジョイントベンチャーを立ち上げるといった具合に。しかし速度や規模は違っても、組織は常に自己変革の過程にある。組織は、たえず学んでいるのだ。

組織学習とは、組織が新しい知識、ツール、行動、価値観などを身につけ、活用するプロセスだ。こうした学習は、個人、グループ、あるいは組織全体など、あらゆるレベルで起きる。

個人は日々の活動、とくに他者や外の世界との交流をとおして学ぶ。グループは共通の目標に向かって力を合わせることで、組織は環境からフィードバックを得、未来の変化を予測することで学ぶ。いずれにしても、新しく得られた知識は、新しい目標、手順、期待、役割構造、成功の指標などに反映されていく。

組織学習の典型は、おそらく軍隊だろう。価値観、学歴、適性、動機、信念は兵士によって違うが、生き残るための基本的な技術と、最低限の肉体的・精神的能力は全員が身につけなければならない。

兵士たちは、部隊の一員として行動することも学ぶ。一人ひとりが自分の役割を確実にこなし、仲間を助けないかぎり、部隊の作戦は成功しないからだ。部隊は、実戦前のチーム演習や実戦中の報告、再検討、人員や物資の供給などをとおして、相互信頼、共通の価値観、部隊内の円滑な連絡、緊迫した状況での適切な判断、外部の変化にチームとして迅速に反応することなどを学んでいく。

さらに軍そのものも、さまざまな戦闘状況への対処方法を学ばなければならない。敵、脅威、作戦、地理的条件、準備期間が違えば、打つべき手も変わってくるからだ。分析や軍事演習をとおして、軍は必要な武器や軍の構成、ルールなどを定め、実戦に備える。

企業も同じだ。AT&Tは事業分割に対処する方法を、個人、グループ、組織レベルで学んだ。GMは、新たな市場環境でトヨタと競う方法をあらゆるレベルで学習しつつある。ジョンソン・エンド・ジョンソンは、危機的状況（自社の頭痛薬「エクストラストレンス・タイレノール」のカプセルにシアン化合物が混入され、数人が死んだ事件）に対処する方法をすみやかに学んだ。マイクロソフトとインテルはインターネット時代への対応を進め、IBMはパーソナルコンピュータ市場で、この強力なペアに立ち向かう方法を学びつつある。こうした例や、その他の無数の例が示しているように、組織は学習し、新しい変化や機会に対する備えを強化することで、自らの寿命を延ばすことができるのだ。

複数の人間が同じ活動に従事しているところでは必ず、組織学習が起きる。ローマクラブによる大規模な調査では、メンテナンス学習とイノベイティブ学習の重要な違いが次のように明らかにされた。

メンテナンス学習とは、既知の状況や反復される状況に対処するために、すでに確立されている見解や手法、規則を身につけることだ。この学習は、既知の問題を解決する能力を高めてくれる。メンテナンス学習は、既存のシステムや確立されている生活様式を維持するための学習方法であり、社会を安定的に運営していくためには、今もこれからも欠かせない。

しかし長く繁栄する組織をつくるためには、とくに混乱や変化、断絶の時代においては、別の学習方法が求められる。それは変化、刷新、再構築、問題の再定義を促す学習方法であり、これを我々はイノベイティブ学習と呼ぶ[*2]。

現代では、多くの組織がメンテナンス学習に従事し、この学習方法を組織のなかに慎重に取り込んでいる。これは必要なことではあるが、それだけでは十分とは言えない。メンテナンス学習は、現在のパフォーマンスを過去と比べるだけで、別の可能性や未来の可能性は考慮しない。また既知の弱みや失敗に対処するための修正は行っても、強みや新しい機会を活用することはない。現代の仕事のあり方も、システムの維持に学習を限定する傾向を助長している。

これに対してイノベイティブ学習は、組織が新しい状況に対処するための学習方法であり、メンテナンス学習よりも難しい。イノベイティブ学習を実践するためには、まだ表面化していない環境を予測せねばならず、学習方法にも定石はない。というより、定石をつくることがイノベイティブ学習のひとつの課題である。

この学習の対象となるのは、生まれつつある問題――前例がないために過去の試行錯誤が通用しない問題、解決方法がわかっていない問題、それを明確に述べること自体が論争や疑念を呼ぶ問題だ。そのため、イノベイティブ学習はなおざりにされることが多く、その結果、環境の変化にうまく適応できない組織が続出した。一般に、メンテナンス学習を得意とするのはマネジャーであり、リーダーの役割は、イノベイティブ学習が確実に行われるようにすることである。

組織が変わる六つの学習方法

人間と同じように、組織もさまざまな方法で学ぶ。その方法は、組織の目的、文化、環境、経営のスタイル、変化への適応力によってまったく違う。ここでは代表的な方法を六つ、簡単に紹介しよう。

方法①歴史を再解釈する

どの組織にも独自の経験や伝統があり、過去の成功や失敗が、逸話や伝説となって社内に残っている場合もある。たとえばフォードでは、今もT型フォードやエドセルが話題になるし、データゼネラルでは創業期にミニコンピュータ市場でディジタル・イクイップメント（DEC）を追い抜いたときの興奮が、今も陽気に語り継がれている。こうした経験からは、他の状況にも適用できる教訓を引き出せることが多い。

AT&Tは一〇〇年以上をかけて、サービスと質という伝統を確立してきた。断ち切られた電話線をつなぐために、大洪水や猛吹雪のなかを出かけていったベルシステムの勇敢な作業員の伝説を知らない社員はいない。しかし現在の経営陣が取り組むべき課題は、AT&Tの新しい現実――世界各国の手強いライバル、急速に変化する技術（携帯電話、衛星通信、WWWなど）、コンピュータに詳しい顧客、AT&Tから生まれた地域ベル会社とその後継企業の旺盛な市場欲求――をふまえて、サービスと質の伝統を見直すことだ。

方法②実験する

変化の方向性に関する仮説は、制御実験を行い、その結果を分析することで検証できる。企業の場合、それは市場調査の形で行われることが多い。政府機関なら公聴会を開いて、法案に対する意見を聞くだろう。ジェームズ・マクレガー・バーンズはこう書いている。「エグゼクティブは、感覚とフィードバックによって仕事をする。障害にぶつかったときはすぐ後退できるように、手探りで一歩ずつ未来への道を模索するのだ」[*3]

実験という方法を使って、組織学習を進めている企業のひとつに3Mがある。3Mは年間売上一五〇億ドル超、約八万七〇〇〇人の従業員を擁する大企業だが、その実体は小さな部門の集まりだ。製品や市場ごとに小さなプロジェクトがつくられ、新しいアイディアを思いついた社員は、まるで自分の会社を立ち上げたかのように、そのアイディアを自由に試すことができる。この方法で3Mは記録的な成長を遂げ、数々の新製品を生みだしてきた。

もちろん研究予算のある企業なら（3Mは年に一〇億ドル以上を研究に費やす）、実験が製品開発の主たる方法だと言ってもおかしくはないだろう。しかし3Mやその他の起業家的企業は、実験という方法を事業の立ち上げと育成だけでなく、マーケティングや組織設計、生産、流通などにも広く適用している。

方法③類似の組織を研究する

似たような組織の経験を観察することも、組織が学ぶ方法のひとつだ。企業のリーダーは業界誌を読み、同業者の集まりに出席し、他のリーダーと業界の問題を話し合う。

第二次世界大戦後、日本のビジネスマンは何年もかけて海外の組織を研究し、世界市場で競争する方法を学んだ。大勢のマネジャーやエンジニアが日本から米国企業を訪れ、生産工程の写真を何百万枚も撮り、何万人もの米国人ビジネスマンに話を聞き、そこから学んだ最良の教訓を自分の会社に持ち帰った。

今はそれと逆のことが起きている。米国企業が日本の経営手法を熱心に学んでいるのだ。その顕著な例が、GMが三億ドルを投じてつくった「ビュイックシティ」である。同社は在庫を減らし、製品の品質を高めるために、日本の効率的な自動車工場をまねて、自社と主要な供給業者の生産・組立プロセスをつないだ。

AT&Tは、マーケティング能力を飛躍的に高めないかぎり、事業分割後の市場競争には対応できないと考えた。そこで他のエレクトロニクス企業のマーケティング手法を研究し、IBMからアーチー・J・マギルを引き抜いて、マーケティング部門の長にすえた。さらに競合企業にならって事業部制を導入し、各事業部の長には製品に関する権限を全面的に与えた。シアーズローバックなどの有力な小売店とも、マーケティング協定を結んだ。AT&Tが十分なマーケティングを能力を身につけたかどうかについて、ウォールストリートの結論はまだ出ていない。しかし同社は急速に変化しており、その影響は組織のあらゆるレベルに及んでいる。

方法④分析する

多くの組織は、外部環境の動向を分析し、問題の芽を見つけ、その問題への対処方法を考えるというプロセスを意識的にたどることで、学習していく。ＧＭの伝説的なリーダー、アルフレッド・Ｐ・スローンJrは次のように述べている。「もちろん事業上の判断は、最終的には直観によって下される……しかしその前に、まずはたえず変化している技術や市場に目を向け、関連する事実や状況を探り、認識するという大きな仕事を成し遂げねばならない」[*4]。これは我々が九〇人のＣＥＯと話をしたときにも、くりかえし出てきたテーマだ。リーダーに欠かせない直観的な判断は、その前に徹底的な分析を行うことを前提としているのである。

外部環境の変化をモデル化し、それを組織内で広く共有すると、学習を促進できることが多い。よくあるのは、新しい設備や製品、装置などの青写真をつくることだ。この青写真を研究することで、すべての関係者やグループが新しいデザインを同じように理解し、その強みや弱み、組織との適合性などを検討できるようになる。

新しいマーケティング計画や財務戦略を解説した文書も、変化を促す一助となる。大規模な線形計画モデルや計量経済学モデル、財務諸表モデルなどを使って、人々の疑問に答えよう。複雑なシステムモデルをつくる唯一の目的は、そのモデルが描いているシステムを、個人や組織が理解できるようにすることだ。

ＡＴ＆Ｔの経営企画担当重役Ｗ・ブルック・タンストールは、同社が事業再建に取り組んだときの状況を次のように描写している。


ニュージャージー州バスキングリッジにある本社の片隅に、二〇×三二フィート（約六×八メートル）の部屋がある。ベルシステムの解体という大仕事の進捗は、ここで管理されている……壁には、タイムラインを描いた図、予定表、重要な問題を説明したイラストなどが貼られている。部屋の隅には一台のコンピュータが置かれ、事業分割に関わる三〇〇の仮説、二〇〇〇の作業項目、一五〇の大きな出来事を即座に呼び出せるようになっている。[*5]

方法⑤研修・教育を行う

研修プログラムの開発に力を入れている組織は多い。実際、米国では研修や能力開発が一大産業となっており、その規模は米国の大学が高等教育に費やす金額の総額に匹敵する。

たとえばモトローラは、研究費として年間一億ドルを計上しているが、それは利他的な理由からではない。研修費一ドルあたり、三ドルの売上増を見込んでいるのだ。同社の従業員（世界全体で一〇万人以上）はみな、少なくとも年に四〇時間を研修にあてている。品質、開発、製造の面で大きな改善が見られたのは、このおかげだというのが同社の見解だ。

インテルは、管理職の育成に従業員ひとりあたり年間三〇〇〇ドルを投じている。巨大コンサルティング会社のアーサーアンダーセンは、自社のコンサルタントは全員、年一三〇時間以上を研修にあてていると主張している。ジャック・ウェルチは、GEの給与総額の約四％をリーダーシップ開発などの能力開発に費やすことを約束しているし、ペローシステムズ会長のモート・マイヤーソンは、斬新で革新的なアイディアを試すために「知力のフィットネスセンター」を設立した。

こうした例が伝えているのは、各社が成功した理由（少なくともその一部）は能力開発と研修活動にあるという事実だ。

研修の多くは個人の能力開発を目的としているが、チームづくりやグループ学習に焦点を合わせたものも増えつつある。たとえば新技術や業界動向に関するコースは、組織が環境の変化を学ぶことを目的としている。

研修という形をとらず、他の目的のために設立された委員会や特任チームに参加したり、ベンダーやコンサルタント、社外の監査役などから説明を受けたりするだけでも、たくさんの知識を得られる。こうした学習の機会を補完ないし拡充するために、社内報や掲示板といった社内のコミュニケーションチャネルを活用している企業も多い。

方法⑥知識を捨てる

組織の行動が外部環境の変化と衝突したときは、学習棄却、つまり古い知識を捨てる必要があるが、多くの組織はこの機会を見逃してしまう。そして重要な顧客を失うといった問題に直面してはじめて、それまでの前提を疑い、考えを改める。

しかし学習する組織は、こうした衝突を重視する。それは現実を客観的に評価するテストであると同時に、現状を小さく変えることで、将来の大きな失敗を避ける好機でもあるからだ。アルフレッド・P・スローンJrは、GMを率いることになったとき、まず学習棄却に取り組んだ。まとまりのないマネジメントシステムを廃し、代わりに分散的ではあるが相互に連係のとれた、新しいマネジメントシステムを導入したのだ。

最近では、DECが大がかりな学習棄却を進めている。かつて自分たちをミニコンピュータの一流メーカーに押し上げた基本的信念や業務慣行を手放すことで、未来にそなえようとしているのだ。同社で起きている変化には次のようなものがある。

- 以前なら何カ月も分析・熟考してから、プロジェクトの採否を決定していたが、現在はスピードと実験の要素を重視している。大げさに言うなら、「朝に提案し、午後に実行し、夜に評価する」というのが、現在の方針だ。[*6]

●自社で開発した技術にこだわらず、さまざま企業と戦略的に提携する（ここにはマイクロソフトやオラクルのような長年のライバルも含まれる）。

●内部昇進、組織構造の維持、すぐれたサービスと技術力に対するプライドに立脚した文化から、中途採用、組織構造の変革、リスクを取ることを奨励する文化に移行する。古い文化はゆっくりと忘れられていき、いずれは古株の社員以外、誰も思い出せなくなる。

DECが過去の経験や長年の価値観を捨てられるかどうかはまだわからない。しかし同社が生き残れるか否かは、まさにこの点にかかっているのだ。

これら六つの学習方法が描いているのは、イノベイティブ学習によって、組織が自らを再編成し、ルールを書き換え、情報の流れを改善し、創造性を取り戻すための方法だ。組織学習がうまくいけば、組織の判断力は少しずつ高まり、仮定はたえず見直され、人々は環境とそこで自分たちが果たす役割を深く理解できるようになる。

しかし子どもによって学習の速度が違うように、イノベイティブ学習をどれだけ効果的に進められるかも、組織によって違う。鍵を握っているのはリーダーシップだ。リーダーシップがなければ、組織学習は焦点を失い、エネルギーも力も一体感も目的もなくなってしまうだろう。

「学ぶリーダー」になる

前述したように、我々がインタビューした九〇人のリーダーはほぼすべて、自分自身の学習能力と学習の必要性をはっきりと認識していた。貪欲に学び、進んで経験を積み、果敢に挑戦し、失敗は自己改善の機会と見なしていた。必ずしも全員が、組織学習でリーダーが果たす役割を理解していたわけではないが、彼らの行動が組織のイノベイティブ学習を牽引《けんいん》し、促進していたことはまちがいない。

たとえばアルコの元社長、ウィリアム・キーシュニックは次のように述べている。

若い頃に、ともに仕事をした何人かの上司たちは、私の重要なロールモデルとなりました……油田の調査というのはリスクだらけの仕事です。不確定要素が多いので、新しい行動を起こすときはまず、反対意見やアイディアを募ります……アイディアは大切にされ、意見の対立も建設的なものなら歓迎されました。この経験は、若い頃の私の人生や価値観の形成に大きな影響を与えました。

この言葉は、リーダーがロールモデルとなることで、いかに学習を促進できるかを示している。上司の影響で、キーシュニックはリスクをとるようになった。これは彼だけでなく、当時の多くの有望な若手社員にもあてはまる。結果として、リスクをとることはアルコの文化となり、その影響は同社の目標、意思決定のルール、事業方針の決定にも及んだ。キーシュニックはライン部門の長から企画担当の副社長になり、やがて社長になった。彼自身が学ぶことに熱心だったので、社員も革新的なアプローチを積極的に模索するようになった。

自分自身が手本となって組織学習を促すことは、リーダーのもっとも重要な仕事のひとつだ。ジェームズ・マクレガー・バーンズはこう指摘している。「自分の能力を最大限に発揮している人は、未来のリーダーの大きな特徴をそなえている。それはマズローの言う自己実現の先を行くものであり、他者や環境から学ぶ能力――つまり〝教わる〟能力である」*7

リーダー自身がよい学習者だと目されている組織では、誰もがリーダーをまねるようになる。それは子どもが親を、生徒が教師をまねるようなものだ。リーダーと組織はともに成長し、創造的な自己発見のプロセスをとおして、複雑で変わりやすい環境のなかでも、あたうかぎり最高の成果を上げる方法を学ぶ。

その例として、C・マイケル・アームストロングを紹介しよう。

彼は一九九二年、三一年間勤めたＩＢＭを辞め、ヒューズエアクラフトのＣＥＯとなった。本人も率直に認めているように、当時の彼は防衛産業のことをほとんど何も知らなかった。そこで経営陣は、この新しいＣＥＯが技術、市場、および会社の潜在的な可能性を学べるように、顧客や重役、専門家らと会う機会をつくった。

アームストロングは何週間もかけて、自社の工場を回った。その理由を彼は次のように述べている。「たくさんのことを学べますから。とくに変化の時期には、指導者と組織の間に相乗効果を生みだすことが大切です」[*8]

アームストロングは学ぶだけでなく、人事やマスコミへのコメント、広告に載せるメッセージなどをとおして、顧客本意の姿勢を強化する方法を組織に教えた。そして、もっぱら自分自身が手本を示した。

こうしてアームストロングとヒューズエアクラフトは、ともに会社のポジショニングを見直し、新しい製品・顧客分野（娯楽番組の衛星配信など）に重心を移す方法をともに学びはじめた。同社の市場競争力は二、三年で高まり、航空宇宙産業への依存度は大幅に低下した。ヒューズエアクラフトは、通信とエレクトロニクスの有力企業になる道を着実に歩みはじめている。

組織学習を促したいなら、学んでいる人々に報いることだ。報酬や表彰、資源の配分、昇進や権限の拡大、希望部門への配属、経費の支給、ルーチンワークからの解放など、方法はいくらでもある。

では、どのような行動に報いるべきなのか。まずリーダーが強化しなければならないのは、長期的な思考、イノベーション、そして創造性だ。

未来を推測ないし予測することは、組織本来の仕事と考え、尊重すべきである。また、アイディアを競い、選択肢を模索するだけでなく、変化や実験も歓迎しなければならない。よい仕事をしようとする意欲や、組織のミッションに貢献することも、報奨の対象とすべきだ。組織の価値観や体制を見直すことで全員が知識や知恵を共有し、個々の業務目標を組織のミッションという大きな視点から捉えられるようにすることも欠かせない。

シティコープを例にとろう。

同行は、世界でもっとも革新的な銀行のひとつと見なされている。譲渡性預金を最初に開発し、ＡＴＭの導入も早くから積極的に進めていた。銀行におけるクレジットカードの発行数は世界でもっとも多く、民間企業としては世界最大の対外融資機関でもある。シティコープを現在のような革新的な銀行にした立役者は、元会長兼ＣＥＯのウォルター・Ｂ・リストンだと言われている。彼はどのような方法で、イノベイティブ学習を促進したのか。

●実験を奨励する。よいアイディアであれば、ほぼ常に支持しただけでなく、それこそ成功の秘訣だとマネジャーたちに言って聞かせた。同行の上級副社長、リチャード・S・ブランドックはウォール・ストリート・ジャーナル紙にこう語っている。「たくさんのことを行い、そこから学ぶこと――それが、わが社にとっては最善のやり方なのです」[*9]

●優秀で型破りな人材を積極的に採用した。たとえば彼の後継者で消費者向け銀行業務を率いたジョン・リードはエンジニア出身、副社長のエドウィン・P・ホフマンは分子生物学の博士だ。結果を出した社員はすぐに昇進させた。シティコープの幹部の多くは、まだ三〇代から四〇代の初めである。

●冒険的な事業が失敗しても、担当者を解雇しなかった。その代わり、その人物を一、二年ほど上級幹部に預け、別のプロジェクトに挑戦させた。もちろん常に失敗するような社員は解雇されたが、リストンは、一度も失敗をしたことがないのは十分に努力をしていない証拠だと考えていた。

イノベーションに報いる方法は他にもある。

スミスインターナショナルの元CEO、ジェリー・ニーリィは次のように語っている。「ある部門のマネジャーが、何らかの分野で研究開発をすると言ってきたときは、その部門の売り上げに影響が出るのは必至と考え、彼らのコンセプトを信じ、向こう数年間はその部門のROI目標を下げます」

ニーリィは冒険心のある若手にもかなりの意思決定権を与えている。「意思決定はなるべく社員にゆだねています。使える予算やスタッフの数を増やし、財務面でも大きな裁量を与えます……部門長は一二人いますが、五〇歳を超えているのは二人だけです。各部門は、それぞれ三〇〇〇万ドルから四億ドルの資金を動かしています」

A&Mレコードの元社長、ジル・フリーゼンは、優秀な若者を採用し、彼らの革新性を育むことで、創造的な環境をつくろうとしている。よく練られた代替案を複数用意できないかぎり、プロジェクトは承認しないと宣言し、つねに選択肢を模索せざるをえない状況をつくっているリーダーも多い。この他、提案箱や賞品を使ってアイディアの探究を応援しているリーダーや、コンサルタントを雇って「フォーカスグループのセッション」を実施し、グループの創造性を刺激しているリーダーもいる。

可能性は無限大だ。

キーワードは「オープン」と「参加」

イノベイティブ学習を促し、人々の関心を喚起するのはリーダーの仕事だが、学習が苦手な子どもがいるように、学習が苦手な組織も存在する。そのような組織はかたくなで、柔軟性に欠け、よほど大きな危機が起きないかぎり、変わることはできないように見える。しかし、組織の構造を学習に適した形につくりかえることは可能だ。そのひとつの方法が、参加型で未来志向のオープンな組織をつくることである。

オープンな組織は、外部環境とたえず密接に交流し、新しい情報にすばやく柔軟に対応できるように設計されている。また組織の内部では、学習を後押しするような規範、価値観、優先順位が共有されている。具体的に言えば、変化を察知し、新しい挑戦や選択肢を求め、イノベーションを尊重し、リスクをとることだ。

オープンな組織は、未来の脅威や機会、現在の戦略がもたらす結果を見越して行動するという意味で、未来志向でもある。とくに重視されているのは、情報とコミュニケーションのシステム、つまり人々が学習を共有するためのチャネルだ。従業員が自分の部署に強い責任を持てるように、また彼らが環境の変化に適応できているかどうかを確認するために、各部門の規模も小さく抑えられている。

こうした柔軟でオープンな組織は、コンピュータメーカーやソフトウェア会社によく見られる。この種の企業はたいていプロジェクトやプログラム単位で編成されているので、再編もしやすい。社内の異動だけでなく、転職もさかんなので、教訓は組織の枠を超えてあっと言う間に広がる。営業担当者やサービス担当者は顧客と密に交流しているため、新しいニーズも見つけやすい。

技術者は頻繁に開催される会議に出席し、他の参加者と最新の情報を交換する。供給業者は製品開発に設計段階から参加し、ユーザー団体や証券アナリストや業界マスコミからは、組織の決定に対する重要なフィードバックがたえず流れこんでくる。

マネジャーに選ばれるのは、こうした情報を消化し、変化する状況に合わせて新しいプログラムやプロジェクトチームを速やかに立ち上げられる人物だ。業界全体が柔軟であることの重要性を理解しており、急激な変化に対応できない企業は、倒産という現実をつきつけられる。

学習する組織をつくるための第二のポイントは「参加」だ。タイムズミラーの元会長、フランクリン・マーフィは次のように述べている。「人間は、自分が関わったアイディアには関心を持つものです。そのアイディアを実現するためなら支援も惜しまず、献身的に努力するでしょう」

グループのメンバーは、外の世界で起きていること、注目すべきもの、実現可能で望ましいもの、責任の分担方法などを学び合う。こうした共同作業をとおして共通の理解を育み、切磋琢磨しながら組織のために時間とエネルギーを使う。

リーダーは、学習には参加が欠かせないことを知っている。たとえば急成長中のアパレルメーカー、オルガコーポレーションの会長ジャン・エルテシェクはこう述べている。「企業は経済主体であると同時に、コミュニティです。現代のもっとも重要なコミュニティは、企業だと言っても過言ではないでしょう……わが社の製品が革新性と品質の面で業界をリードしているのは、社員の創造性を引き出すような会議を行っているからです」*10

リーダーが目指しているのは、メンバーを集めて「責任あるコミュニティ」をつくること、つまり組織の成功と長期的な存続に責任を持つ、独立した個人の集合体をつくることだ。それは、個人やグループが複雑な環境によりよく対処できるようにすることでもある。

もうひとつ、学習する組織に欠かせないものがある。未来を予測する能力だ。この能力を組織に根づかせるためには、リーダーが確固とした計画手順を定め、その手順に従って変化に対処している人々に報いる必要がある。ドナルド・マイケルが言ったように、「計画とは、複雑な社会組織が自らの目標を知り、その達成方法を理解し、進捗状況を見きわめ、最初に掲げた目標の妥当性をくりかえし再検討していくための方法である」*11

一般的な意味では、計画とは情報をもとに未来を見きわめ、その判断に従って行動することだ。しかし組織においては、それは新しい問題を発見し、評価し、さまざまな代案を考え、検討し、とるべき行動について合意を形成することである。方向を大きく転換する場合は、その合理的な理由を示すことも欠かせない。

ジェームズ・ブライアン・クインが大企業九社を対象に実施した研究では、計画を立てる手順が明確に定められている組織では、次のようなことが起きることがわかった。

①独特な情報ネットワークがつくられる。

②マネジャーは、長期的な視野を持ち、仕事を大きな枠組みからとらえることをくりかえし求められるようになる。

③目標、戦略課題、資源の配分に関するコミュニケーションが活発になる。

④未来に関する情報がマネジャーに集まり、短期的・暫定的な決定を直観的に下せるようになる。

⑤未来に対する心構えができる。また未来についての安心材料が手に入る。その結果、マネジャーは以前ほど未来に不安を感じなくなり、長期的な活動に積極的に取り組めるようになる。

⑥戦略的決定に大きな影響を及ぼすような長期研究が始まることも多い。*12

参加し、未来を予測する機会があれば、メンバーは長期的な観点からものごとを判断し、広い視野を持ち、仮定や価値観を共有し、新しいアプローチを開発・利用するようになる。要するにオープンな組織をつくることで、リーダーはイノベイティブ学習が起こりやすい環境をつくることができるのだ。

現在の状況と変化の方向性について、なるべく多くの情報が集まれば、組織の目的、方向性、理想の未来に対する感覚も磨かれていく。この感覚を組織全体で共有できれば、人々のエネルギーをひとつの方向に集約できるだけでなく、自分のしていることは組織の発展に寄与しているのだと全員が思えるようになる。環境がどう変化し、組織はどこに向かおうとしているのかがわかれば、時代に合った場所に組織をポジショニングすることも、全体の勢いを後押しするような社会構造をつくることも、はるかに容易になる。*13

以上のすべてにおいて、リーダーはオーケストラの指揮者と同じ役割を果たす。オーケストラの音を奏でるのは一人ひとりの楽団員であるように、実際に組織の仕事をするのは組織を構成している人々だ。リーダーの役割は、正しい仕事が正しいときに行われているか、ものごとは円滑に流れているか、変化のスピードは適切で調和がとれているか、外の世界によい影響を与えているかを確認することである。

偉大な指揮者と同じように、偉大なリーダーは組織から最善のものを引きだす。すべての行動は何かを学ぶための経験であり、学ぶべき教訓を学べば、次の機会にははるかによい仕事——時間、場所、そして手元にある手段に照らして、より「正しい」ことができるようになる。

そして将来、組織が成功をおさめたとすれば、それは一人ひとりのメンバーがすばらしい仕事をしたせいだ。しかしメンバーの力を最大限に引き出すことができたのはリーダーのおかげだと言っても、決して間違いではないのである。

7 「責任を引き受ける」ということ

しかし、およそ人の精神、心というものは、その人が統治者の座に就いてみるまではわからないものだ。権力が、その人の真実を明らかにするのである。

――ソフォクレス『アンティゴネ』

社会という精神状態をつくるうえで、リーダーは重要な役割を果たす。リーダーは社会の道徳的一体感の象徴だ。リーダーは社会を結びつけている価値観を表現することができる。しかしもっと重要なのは、人々の関心を些末な出来事から引き離し、社会を分断する対立ではなく、全力を尽くす価値のある目的に集中させるような目標を思い描き、それを明確に伝えられることだ。

――ジョン・W・ガードナー*1

「社員は困難なことにも果敢に取り組みました。自分は何か魔法がかかったものに属していると感じていたからです。みな進んで残業し、一本でも多くの電話をかけ、土曜日に出社することもいといませんでした。もし経営陣が、こうした〝魔法〟を社内に行き渡らせていなければ、あとの条件はすべて同じだったとしても、結果は違っていたでしょう」。そう語るのは、世界第二位の石油掘削機メーカー、スミス・インターナショナルのジェリー・ニーリィだ。
エストの創設者であるワーナー・エアハードも、「魔法」という言葉こそ使っていないが、似たようなことを言っている。

……人間の内面には、誰もが共有できる場所、指示されなくても何をすべきかを判断し、合意や契約のためではなく調和の感覚によって、他者と力を合わせられる場所があります……たとえばヨットのロープが切れたとき、船員は力を合わせて状況に対処しようとします。そこには命令する人もいなければ、指示を待つ人も、誰かを邪魔する人もいない。全員が連帯感で結ばれ、命令を必要としている人などひとりもいないのです。

この二人のリーダーが「魔法」や「連帯感」といった言葉で表現しているものこそ、すぐれたリーダーシップの核心だ。
すぐれたリーダーは触媒の役割を果たす。自分のアイディアを確信しているので、大きなリスクも恐れずにとる。ほとんどの人は、そうした献身的なふるまいを心の中では求め、口では擁護しているが、自ら実践することはない。

すぐれたリーダーは、ぱっと見には共通点などないように見えるが、全員が組織の使命に身を捧げ、衝突に負けない力、衝突のエネルギーを使って自分自身を変える勇気、そして組織のビジョンを維持する能力を持っている。組織が真価を発揮するためには、組織の社会的責任を意識すること、つまりビジョンを生きた現実に変えることが欠かせない。

そのために必要なのが、「変革的リーダーシップ」だ。[*2] 本書で取り上げたリーダーやジョン・ガードナーのようなリーダー、そして彼が示唆した人々（フォロワーの動機と目標をつくり、それを高められるリーダー）はみな、変革的リーダーシップを実践していた。それは、リーダーとフォロワーの双方に利益をもたらすような変革を起こすリーダーシップであり、組織のエネルギーを解放したり蓄積したりすることで、組織の目標を達成するリーダーシップである。

変革的リーダーシップでは、リーダーとフォロワーは共生関係にある。フォロワーのニーズや欲求と、それらを理解するリーダーの能力の間には微妙な相互作用が働いており、その意味では変革的リーダーシップは集合的でもある。

リーダーシップは「原因」にもなる。リーダーには、従業員が自らのニーズを満たせるような組織を考え、つくりだす力があるからだ。

さらにリーダーシップには、道徳的な目的と人を鼓舞する力がある。リーダーは自らの才覚を使って、従業員の価値基準にかなった目的やビジョンを選び、それをサポートする社会構造をつくりだす。またリーダーシップには、フォロワーの意識を解放や自由、正義、自己実現といった高い目的に引き上げる力がある。

しかし最初の章で明言し、その後もくりかえし述べてきたように、ほとんどの組織は〝マネージ〟されているだけで、〝リード〟されてはいない。たいていの組織は、「この仕事をすれば、これだけの報酬を与える」といった契約上の交換や、エアハードの言う「合意や契約書の束」によって運営されている。そこで交換されるものは、仕事、保証、金など、決してささいなものではないが、その見返りとして得られるのは、よくて従順、悪ければ悪意に満ちた服従にすぎない。

これに対して、我々が提唱しているリーダーシップは、まったく別の結果をもたらす。それはエンパワーメント（人々に力や権限を与えること）だ。エンパワーメントは通常、高い利益や給料だけでなく、従業員が仕事に意義を見出し、成功を味わうために自分の限界に挑もうとする組織文化をつくりだす。

マネジメントが服従を伴うとすれば、リーダーシップはつねにエンパワーメントを伴う。前者は「自分は歯車のひとつすぎない」という態度を生みだし、後者は「誇りの文化」を育てる。

我々は本書を通じて、変革的リーダーシップは偶然の産物でも魔法でもなく、誰もが学び、理解し、実践できるもの、現在や未来のすべてのリーダーが利用できるものだということを、読者に伝えたいと願っている。そのためには次のテーマ――マネジメント教育を避けてとおることはできない。

マネジメント教育の問題点を正す

残念ながら、大学などで行われている正規のマネジメント教育・研修プログラムのほとんどは、文字どおり「マネジメント」の方法を教えているにすぎない。それは機械論的で擬似合理的なマネジメント「理論」に大きく依存しており、毎年何万人ものＭＢＡ取得者を生みだしている。

マネジメント教育とビジネスの現場で求められているリーダーシップのずれは、控え目に言っても憂慮すべき状態にある。人々が米国のビジネスライフに歪んだ（そして否定的な）イメージを持っているのは、おそらくこのためだろう。

しかしイメージの問題は、深刻ではあるが核心的ではない。真の問題は、マネジメント教育が職人的なマネジャーの育成を得意としているところにある。彼らが教えているのは問題解決の技術にすぎない。そこから生まれるのは、高い問題解決能力を備えた専門職員だ。問題解決が重要であることは否定しないが、それはリーダーシップに求められる創造的できわめて人間的な営みとはほど遠い。現代の社会が必要としているのは、マネジメント教育ではなく、リーダーシップ教育なのだ。

マネジメント教育の課程は、たいてい疑わしい仮定から始まる。たとえば「目的がわからないときは明確にせよ」、「代替案は必ず見つけ出せ」、「何をしていいかわからないときはリサーチして（またはコンサルタントを雇って）因果関係を見つけよ」といったものだ。

こうした助言のすべてがばかげているとは言わない。目標設定がよい結果を生むこともあるだろう。しかし、それが長期的な助けになることはまれだ。まず目標を定め、次に行動するという発想は、合理主義的なフィクションに基づくもので、明らかに限界がある。たとえば、どうすれば代替案は見つかるのか、代替案がまだ存在しないときはどうするのか？　自分が支持する方法をよく見せるために、わざと見劣りのする代替案を出してくる人もいる。そのような行為を防ぐことはできるのか？

世界は、現在のマネジメント教育に蔓延している直線的な思考よりも、ずっと複雑だ。問題設定そのものが疑問視されることも多い。情報（とその信頼性）は疑わしく、解釈も価値観も人によって違う。目標はあいまいで、相互に矛盾している。

しかし何よりも問題なのは、ほとんどのマネジメント教育が深刻な誤解を招くような仮説を前提としていることだ。つまり、目標は明確で、代替案は明らかで、技術とそれがもたらす結果は確実で、常に完全な情報が手に入る、という仮説である。これはほとんどのマネジメント教育が基礎としているミクロ経済学の教育課程とも、恐ろしいほどよく似ている。

さらに悪いのは、ほとんどのカリキュラムが人間的な要素を、ほぼまるごと切り捨てるか、ほんの軽くしか触れていないことだ。我々の知るかぎり、本書で取り上げてきたリーダーの四つの基本的能力は、奨励されるよりも敬遠されることのほうが多い。一流のビジネススクールなどでは、まれにこうした「人間的側面」が取り上げられることもあるが、その際はさもきまりが悪そうに、あるいはいかにも学者的で不遜な態度で、「軟弱」、「詩的」、「印象主義的」なものとして語られることが多い。つまりこれらの学校は、アイディアの中身を理解しないうちから、そのアイディアは信用できないというメッセージを態度や言葉で学生に伝えているのである。

リーダー神話を暴く

リーダーシップについては、いくつかのまことしやかに語られる神話がある。こうした神話は、マネジメント教育と呼ばれているものを矮小化《わいしょうか》しているだけでなく、潜在的なリーダーが、組織のなかで「責任を引き受ける」ことを妨げていることが少なくない。
その一部を紹介しよう。

神話①リーダーシップは、一握りの人にしかない技術である。

これほど真実から遠いものはない。偉大なリーダーは、偉大なランナーや偉大な俳優、偉大な画家と同じくらい貴重な存在かもしれないが、走ったり、演じたり、絵を描いたりする能力が誰にでも多少はあるように、リーダーシップの潜在能力も全員が待っている。今日、とくに政府の上層部では偉大なリーダーが不足しているように見えるが、国全体を見れば、リーダーのポジションは文字どおり何百万もあり、そのすべてが(多くの場合は十二分に)満たされているのだ。

もっと言えば、ある組織ではリーダーの役割を果たしている人が、別の組織ではごく普通の役割しか果たしていないこともある。たとえば我々は、米国陸軍予備軍の将官であると同時に、大学教授でもある人物や、デパートの店員として働くかたわら、教会組織のリーダーとして精力的に活動している人物を知っている。あるタクシー運転手はアマチュア劇団の監督であり、ビールの営業マンだった男性は引退後、中規模の町で町長を務めている。

リーダーになる機会はたくさんあり、ほとんどの場合、その機会は手の届く場所にあるのだ。

神話②リーダーは生まれつきリーダーであり、育てることはできない。

偉大なリーダーの伝記を読むと、全員が類いまれな遺伝的才能を持って生まれ、なるべくしてリーダーになったという印象を受けるかもしれない。しかし、そんな話を信じてはならない。現実には、リーダーに求められる主な能力や手腕は学べるし、少なくとも学びたいという欲求があり、それを妨げるような深刻な障害もないなら、学ぶ機会は全員に開かれている。もしリーダーシップに役立つ才能を持って生まれたなら、それを強化することさえできる。リーダーの成功には、先天的な才能よりも教育のほうがはるかに重要な役割を果たすのだ。

しかし、リーダーになる方法は簡単に学べるわけではない。すぐれたリーダーになることを約束してくれるような単純な公式、厳密な科学、簡単なレシピもない。それは試行錯誤、勝利と敗北、タイミングと偶然、直観と洞察に彩られた、じつに人間的なプロセスだ。

リーダーになることを学ぶのは、親や恋人になることを学ぶのと似ている。基本的な価値観やロールモデルは幼少期や青年期の経験によって培われる。書物は状況を把握する助けにはなるが、ほとんどのことは実体験をとおして学習される。あるリーダーは、自身がリーダーシップをどのように学んできたかについて、こう語った。「もちろんリーダーシップを学ぶのは容易ではありません。たとえるなら、それは人前でバイオリンの弾き方を学ぶようなものです」

神話③リーダーはカリスマ的である

そのようなリーダーもいるが、たいていは違う。我々がインタビューした九〇人のリーダーのうち、「神の啓示」を受けてリーダーになった人、人間ばなれした冷静さ（J・F・ケネディは「プレッシャーの中でも沈着であれ」と言った）や、強烈な魅力（チャーチルはそのよい例だ）をそなえていた人は、ごくわずかしかいない。ほとんどのリーダーは、「とてつもなく人間的」だった。背の低い人もいれば、高い人もいる。雄弁な人もいれば、口べたな人もいる。風采のいい人もいれば、そうでない人もいる。

外見や人柄、仕事のやり方などの点で、フォロワーと違うところはほとんどない。むしろ、それは〝逆方向〟に働くというのが我々の見立てだ。つまりカリスマとは、すぐれたリーダーシップの結果であって、その逆ではない。すぐれたリーダーシップを発揮する人は、フォロワーから尊敬され、ときには畏敬の念すら起こさせる。それがフォロワーを強力に引きつけるのだ。

神話④リーダーシップは組織のトップにしか存在しない

経営者の事例ばかりを取り上げることで、我々も無意識のうちに、この神話を強化してきたのかもしれない。しかし、これは明らかに誤りだ。実際には組織が大きくなるほど、リーダーのポストは増えていく。GMにはリーダーのポストが何千もある。

最近は多くの大企業が「社内起業」という形で、リーダーのポストをさらに増やそうとしている。社内起業とは、組織のなかに起業家精神を備えた小部門をつくり、小さな独立企業のように活動できる自由と柔軟性を与えることだ。アルコの元CEO、ウィリアム・キーシュニックは、この年商数十億ドルを誇る大企業に「起業家精神」を吹き込むことこそ、自身が直面した最大の挑戦だったと述べている。「リーダーシップは、どの部門、どのレベルにも必要です――私の考えでは、これは実現しつつあります」。このことを理解する組織が増えれば、従業員がリーダーシップを発揮する機会は劇的に増えていくだろう。

神話⑤リーダーは支配し、命令し、急《せ》きたて、操作する

おそらく、これほど有害な神話はない。何度も強調してきたように、リーダーシップとは力を行使することではなく、力を与えることだ。リーダーは魅力的な目標を掲げ、そこに組織のエネルギーを集中させることで意図を実現する。

ロサンゼルス交響楽団の元指揮者、カルロ・マリア・ジュリーニは、「いちばん大切なのは人間同士のふれあいです。仕事仲間との間に本物の友情がなければ、音楽をつくるという神秘

的な行為は成り立ちません」と言った。モノリシックメモリーズの元社長、アーウィン・フェダーマンは、「リーダーシップとは、つまるところ社員の自尊心を育み、高める能力である」と確信していた。

ウィリアム・ヒューイットは一九五〇年代半ば、時代に乗り遅れ、活気を失っていた農機具会社ジョン・ディール・アンド・カンパニーの社長に就任し、同社を世界市場のリーダーに変えた。それが可能だったのは、ある従業員の言葉を借りるなら、「自分には力があることをヒューレットが教えてくれた」からだ。

このようなリーダーは、押すのではなく引っぱることで、命令するのではなく鼓舞することで、人を操るのではなく、困難だが達成可能な目標を掲げ、その目標に近づいた人々に報いることで、従業員の経験や行動を否定したり制限したりするのではなく、彼らが自発的に行動し、その経験を生かせるようにすることで、組織を率いている。

神話⑥リーダーの唯一の仕事は、株主価値を高めることである

ほとんどの重役、経済学者、投資家は、この主張に賛同している。しかし我々の考えでは、これは間違っているというより、誤解を招く表現であり、あまりにも限定的だ。株主価値だけに注目し、他の重要な利害関係者を軽んじるような決断を下せば、組織の寿命を縮めることに

なりかねない。
その例として、よくある合理化のシナリオを考えてみよう。CEOは翌年の株主利益を増やすために、現在の人件費を削ることを決意する。このような判断は投資家には歓迎されても、労働者の士気と生産性は下がり、カスタマーサービスの質は低下し、製品の質は台なしになることが多い。これがすぐれたリーダーシップと言えるだろうか。この神話は、少なくとも「リーダーの重要な仕事のひとつは、長期的な株主価値を高めることである」と書きかえるべきだし、それでもまだ十分とは言えない。

本書の前半で、我々はリーダーシップとマネジメントの違いを明らかにしたが、成功をおさめたリーダーと話をするうちにわかった違いがもうひとつある。

リーダーがマネジャーに期待するのは、主に収支に基づいて組織を「運営」することだ。これに対してリーダーの一番の関心事は、長く繁栄する組織を「構築」することにある。もちろんリーダーも現在の状況に関心がないわけではないが、自分の仕事は別にあると考えている。組織は主にリーダーをとおして夢を語り、それを達成する方法を示し、人々が力を合わせて明るい未来を生みだせるようにする。だとすれば、利益をあげることは本物のリーダーの「必要条件」にすぎず、ビジョンや目的そのものではない。

利益をあげるだけでは、従業員を活気づけることも、力を与えることもできない。「収支」を神聖視し、それにこだわりすぎると、すべてを短期的な視点からとらえるようになり、長期にわたって組織を存続させることは難しくなる。

ではリーダーの第一の役割とは何か。より明確で、はるかに満足のいく答えは次のようなものだ。「リーダーの主たる責任は、組織の未来を預かり、設計する者として、組織が成功しつづけるための基盤をつくることである」

これらの神話が一掃されれば、真の問題は「どうすればリーダーになれるか」ではなく、「どうすればリーダーシップをよりよく発揮できるか」、つまり「いかにして組織のリーダーという〝責任を引き受ける〟か」となる。米国の偉大なリーダーたちが残した教訓や、本章で示唆してきたような事柄が、マネジメント教育を見直す役に立つことを願っているが、組織が社会構造をつくりかえ、本書が提唱してきたような変革的リーダーシップを促進し、発展させていくことも、同じくらい大切だということを忘れないでほしい。

これからのリーダーに求められること

本書では九〇人のリーダーが学んだ教訓を検討してきた。まずは過去数十年間に彼らが経験したことや、磨いてきたスキルのなかから、成功のエッセンスを抽出した。有益な情報を掘り当てるために、過去（といってもそれほど昔ではないが）を探った。

次のテーマは、未来だ。二一世紀初頭のリーダーに求められるものは何か。リーダーはさらなるスキルや価値観を身につける必要があるのか。もしそうなら、どのような準備が必要なのか。

未来の動向やそれがもたらす結果は、あいまいな情報をもとに推測せざるをえないが、リーダーはこれからも、組織をしかるべき方向に導いていくために、従業員のコミットメントを喚起し、組織のエネルギーや資源を動員していくことが求められるだろう。また、本書で指摘したリーダーの特質のほとんど（例：ビジョン、情熱、誠実さ、自己認識、エンパワーメント、ものごとを正しく行うこと）は、すでに有用性が証明されているものであり、その重要性はこれからも変わらないはずだ。しかし考慮しなければならない問題は、他にもある。

二一世紀には、技術が変化するスピードとそれがもたらす混乱が、大きな推進力となるだろう。変化の津波は社会に緊張をもたらす。すでに遺伝学、通信、材料化学、海洋学、医学、超小型化、エンターテインメントなどの分野では、新たな技術爆発の予兆が感じられる。技術の進化は核分裂のように進み、新しいブレークスルーが起きるたびに、雪崩のように変化が起きる。その影響はあらゆる場所に及び、もはやどんな企業も公的機関も、技術の助けを借りずに業務を遂行したり、製品やサービスを提供したりすることはできない。

この事実はリーダーに重要な影響を及ぼす可能性がある。これからのリーダーは、どんな利益や結果をもたらすかわからない新興技術に、大金を賭けなければならないのだ。しかも、これは始まりにすぎない。ウィル・ロジャースが言ったように、「正しいレールに乗っているだけでは十分ではない。動かずにいれば、電車にはねられるかもしれない」のだから。

新しい技術は、インストールされた瞬間から古くなっていく。しかも次の修正ファイルがオンラインで公開されるまでは、たえず世話を焼き、育て、改善していかなければならない。技術の変化を促進し、製品やプロセス技術の世代交替を推し進めることは、二一世紀のリーダーが取り組むべき大きな挑戦であると同時に、潜在的なコスト要因となる可能性がある。

マイクロソフトのビル・ゲイツとインテルのアンドリュー・グローブは、こうした決断を難なく下すことのできる、技術に詳しい新世代のリーダーの先駆けなのかもしれない。これからの時代を生き抜いていけるのは、次々に登場する技術を速やかに取り入れていくことのできる組織文化をつくり、維持していけるリーダーだけだ。二一世紀のリーダーは、アフリカ系アメリカ人が教会で捧げている祈りに共感するようになるだろう。「神よ、私たちは理想的な人間ではありません。そうあるべき自分でもなければ、いずれそうなる自分でもありません。でも全能の神よ、感謝します。私たちが、かつての私たちではないことに」[*3]

ピーター・ドラッカーやその他の人々が予想してきたように、ほとんどの組織は知識労働者で埋め尽くされることになるだろう。自分の専門分野では上司をしのぐ知識を持ち、自由に判断することを許されている彼らは、それぞれの持ち場で大きな影響力をふるい、たいていはスケジュールも自分で組むようになる。

彼らの多くは、自分自身がリーダーとなって、プロジェクトチームやプログラムを率いるようになるため、我々の同僚であるジェームズ・オトゥールが言ったように、経営幹部は「リーダーのリーダー」にならなければならない。[*4] このような環境では、意思決定はリーダーの権威よりも、むしろ共同作業や共通の価値観、相互尊重といったものに基づいて下されることになる。

新しい知識が急速に古くなる時代には、労働者はたえず変化に攻め立てられているように感じるかもしれない。組織に対する責任は重くなるのに、職場や家庭で起きている混乱から彼らを守ってくれるはずの中間管理職や、自分や他の人間のミスをカバーしてくれるはずのセーフティネットは減っている。それは人々の組織生活を興味深いものにするだけでなく、わかりにくく、不確かで、リスクが高く、ストレスの多いものに変えていく。

このような状況でリーダーがなすべきことは何か。それは、思いやりのあるコーチとなって、チームのストレスを減らす努力をすることだ。リーダーは、チームが一致団結して最高の仕事ができるように、人材、資金、精神的支え、励ましなど、必要なものはすべて提供する。組織を存続させるためには、従業員一人ひとりのスキルを理解し、育て、たたえることが欠かせない。現代の組織は、さまざまな言語、価値観、忠誠心を持つ人々が参加する、グローバルで多文化的な場所だ。このような組織を率いるためには、対人能力を磨くだけでなく、人間の多様性がもたらすものへの理解とコミットメントも深める必要がある。

いくつかの技術的な変化、とくにコンピュータや通信の分野で起きている変化は、従来の組織構造を崩壊させる可能性を秘めている。組織が権限の委譲や意思決定の分散化を進めるにつれて、従業員は世界のどこからでも、顧客や供給業者、ジョイントベンチャーのパートナーなどと「つながる」ことができるようになる。活動は空間と時間を超えて広がり、仕事は二四時間体制というより、世界体制で進む。オンラインでの取引が増え、情報はそれを必要としている人々のところへ即座に、かつ同時に発信される。組織はますますフラットになり、階層は減り、人々を結ぶネットワークはかつてないほど複雑になる。

しかし分散化したタスクや部門を束ねる共通のビジョンがなければ、従業員のエネルギー、行動、野心は方向性を失う。

研究部門を骨抜きにして、イノベーションを語ることは無意味だ。口先だけのスローガンでは、もはや何も変えられない。リーダーは変化の設計者やチアリーダーであるだけでなく、真のビジョナリーとして、従業員が参加したいと熱望するような魅力的で信用できる目標を提示しなければならない。技術の進化によって、むこう二、三〇年間は混乱がさらに深まると予想されていることを考えると、これは決して容易なことではないが、二一世紀のリーダーシップを評価するためには、欠くことのできないリトマス試験紙となるだろう。

今日の社会で評価されるのは、肥大化して扱いにくくなった組織を小型化し、合理化し、業績を好転させられるリーダーだ。一方、未来の社会で求められるのは、まったく新しい形の組織をつくり、未来の変化を見越して、組織を適切な場所にポジショニングできるリーダーである。

未来のリーダーは実験をくりかえすことで、クライアント自身もまだ必要だと気づいていない新しい利益やサービスを提供する方法を見つけ出す。しかしすべてのニーズをひとつの組織で満たすことはできないため、目標を同じくする組織と大規模な同盟やパートナーシップを結ぶことを、たえず求められるようになる。その結果、社会の設計者としてのリーダーの役割は広がり、交渉力や技術の評価力、組織文化の設計力といったスキルの重要性も高まっていく。

以上のような変化は、新たに何百万人ものリーダーが必要になることを示唆している（二五九ページの表3参照）。最終的に、もっとも大きな成功をおさめるのは、①混乱の時代に方向性を定め、②変化に対処しながらも卓越した顧客サービスと質を維持し、③リソースを集め、新しい同盟関係を結ぶことで顧客を増やし、④地球規模で多様性を活用し、⑤フォロワーの間に楽観性、熱狂、コミットメントの感覚を生みだし、⑥（とくに知識労働者との関わりにおいて）リーダーのリーダーになることのできるリーダーだ。

臆病者に二一世紀のリーダーは務まらない。いや、臆病者がリーダーであった時代など、一度もないのだ。

本物のリーダーであれ

「幸福な家庭はみな似通っているが、不幸な家庭はそれぞれの形で不幸である」と書いたのはトルストイだが、この言葉はリーダーにもあてはまる。

九〇人のリーダーたちは、たしかに似通っている。全員が意図を実現し、それを維持する能力を持っている。組織の基本的な目的、存在理由、全体としての方向性、価値体系を理解している。リーダーシップとマネジメントを明確に区別し、組織のビジョンをわかりやすく示すことができる（我々が話を聞いたCEOの右腕で、副社長でもある人物は、うちのCEOのすごいところは、たとえ間違っていたとしても、常に明確なアドバイスをくれることだ」と言っていた）。そして組織がどれだけ社会の役に立っているかを語り、従業員を奮い立たせることが

表3◉21世紀に予想されるリーダーシップ・モデル

現在	未来
少数のリーダー（通常は経営幹部）、大勢のマネジャー	リーダーはあらゆるレベルに存在する。マネジャーは減少
目標設定（例：短期の利益、ROI）によって率いる	ビジョン（事業成長の長期的な方向性を定めること）によって率いる
コスト削減と品質向上のために、合理化とベンチマーキングを行う	左記に加えて、専門分野をつくり、独自の能力を育てる
変化に反応／適応する	未来を先取り／創造する
階層型の組織を設計する	フラットで分散的で合議的な組織を設計する。社会の設計者
従業員に命令し、監督する	従業員に力を与え、鼓舞すると同時に、チームワークを促進する
一握りの意思決定者が情報を独占している	情報は社内の関係者や外部のパートナーと共有されている
上司として、プロセスと行動を管理する	コーチとして、学習する組織をつくる
組織の安定化装置として、対立する要求を調整し、文化を維持する	変化の媒介として、変化を計画し、リスクを調整し、文化と技術基盤を進化させる
すぐれたマネジャーを育成する	左記に加えて、未来のリーダーを育て、リーダーのリーダーの役割を果たす

できる。

リーダーとマネジャーのこうした違いは、これまでにも存在したが、その重要性は現代において、ますます高まっていると言えるだろう。なぜなら今日の組織にとって、複雑であいまいで不確かなもの、要するに「予期できない変化」に対処する能力ほど、重要なものはないからだ。ものごとがめまぐるしく変化する時代には、未来に意識を向け、適切な方向（スワースモア大学の元学長、セオドア・フレンド三世の言葉を借りれば「どの方向から風に向かうか」）を選ぶことが重要になる。だからこそ、今よりも変化が少なく、組織と環境の関係が明確で、優秀なマネジャーがたくさんいた時代よりも、現在のほうがずっとリーダーシップは必要とされているのだ。

リーダーシップを段階的に教えたり、議論したりするための簡単でわかりやすい方法があれば、どんなにいいだろう。しかし、そのような方法は誤解を招くだけでなく、結局は何の役にも立たない。その例として思いだされるのが、著名な演技教師リー・ストラスバーグから聞いた話だ。

あるとき、二人の生徒にラブシーンの演技を指導していた彼は、一方の若い女生徒に、この場面に必要な感情を呼び起こすために、今どんなことを考えているかとたずねた。彼女はこう答えた。「……ええと……春のような……彼が恋しいとか、愛しいとか……そういう感じです」。

するとストラスバーグは、フルーツサラダをつくったことはあるかとたずねた。あると彼女が答えると、どうやってつくったのかと聞いた。本気なのかといぶかりながら、彼女が「今、授業中にですか」とたずねると、彼はそうだと答えた。

「わかりました」と彼女は言った。「リンゴをひとつ用意し、皮をむいて、小さく切ります。次にバナナを取って、皮をむき、薄切りにします。それからオレンジの皮をむいて、これも薄切りにします。チェリーがあれば、種を取って同じく薄切りに。それができたら、全部を混ぜあわせます」

これを聞いたストラスバークはこう言った。「そのとおり。そうやって君はフルーツサラダをつくる。フルーツをひとつずつ手に取って、皮をむき、薄切りにしないかぎり、フルーツサラダは完成しない。蒸気ローラーを使えばフルーツを一気につぶすことはできるが、それではフルーツサラダはつくれない。一晩中フルーツの前に座って、『フルーツサラダになれ！』と念じても無理だ。フルーツをひとつずつ手に取り、皮をむき、細かく切るまでは、何も起こらない」[*5]

しかし、演じることは、愛の感情をつくりだすことでさえ、リーダーシップに比べればたやすい。すぐれたリーダーから学んだ原則を、できるかぎりわかりやすい言葉で説明することはできても、それを自分のものにできるかどうかは、その人が生涯をかけて取り組むべきテーマだ。

我々は本書の冒頭で、現代社会は危機に直面しており、社会と組織のあらゆるレベルでリーダーシップが求められていると指摘した。このようなリーダーシップなしに、国や世界にとって望ましい未来をつくることはむずかしい。

リーダーの不在や無能さが暗示しているのは、ビジョンの不在、夢のない社会だ。それがもたらすものは、よくて現状維持であり、悪ければ目的と一体感を失って崩壊する社会である。

我々は新しいリーダーシップの探求を、国家の優先課題にしなければならない。この責任を引き受けられる人物を、社会は切実に求めている。

そして我々にとって、何よりも必然的で、心が鼓舞されるもの――それはあなた、つまり本書の読者が、そのひとりとなることだ。

注

1　リーダーシップに関する「誤解」を解く

＊1　「変革的リーダーシップ」の詳細は、Warren Bennis, "The Artform of Leadership," in S. Srivastva. Ed., *The Executive Mind* (San Francisco: Jossey-Bass, 1983)の第1章を参照。「変革的リーダーシップ」という表現は、ジェームズ・マグレガー・バーンズの画期的な著作、*Leadership* (New York: Harper & Row, 1978)の第3、4章から引用。

＊2　Daniel Yankelovich & Associates, *Work and Human Values* (New York: Public Agenda Foundation. 1983), pp. 6-7.

＊3　John Naisbitt, *Megatrends* (New York: Warner, 1982).〔邦訳『メガトレンド』三笠書房〕

＊4　Douglas McGregor, *The Human Side of Enterprise* (New York: McGraw-Hill, 1960).〔邦訳『企業の人間的側面』産能大学出版部〕

＊5　Robert Townsend, *Up the Organization* (New York: Fawcett, 1970).〔邦訳『こんなトップは辞表を出せ』ダイヤモンド社〕

＊6　Philip E. Slater, *The Pursuit of Loneliness* (Boston: Beacon, 1970).〔邦訳『孤独の追求』新泉社〕

＊7　Jonas Salk, *Man Unfolding* (New York: Harper & Row, 1972).

＊8　Ilya Prigogine, *Order Out of Chaos* (New York: Bantam, 1984).〔邦訳『混沌からの秩序』みすず書房〕

＊9　Tom Peters, *Thriving on Chaos* (New York: Knopf, 1987).〔邦訳『経営革命』阪急コミュニケーションズ〕

＊10 Peter F. Drucker, *The New Realities* (New York: Harper & Row, 1989). ［邦訳『新しい現実』ダイヤモンド社］

＊11 Charles Handy, *The Age of Paradox* (Boston: Harvard Business School Press. 1994). ［邦訳『パラドックスの時代』ジャパンタイムズ］

＊12 Rosabeth Moss Kanter, *The Change Masters* (New York: Simon & Schuster, 1983). ［邦訳『ザ チェンジ マスターズ』二見書房］

＊13 Burns, op. cit.

2 「人を率いること」と「自分を律すること」について

＊1 *Profile of a Chief Executive Officer* (New York: Heidrick a Struggles. 1982).

＊2 George Bernard Shaw, *Man and Superman* (Baltimore: Penguin. 1973), p. 84. ［邦訳『人と超人：ピグマリオン（ベスト・オブ・ショー）』白水社］

＊3 Alfred P. Sloan, Jr., *My Years with General Motors* (New York: Doubleday. 1946; Anchor. 1972), p. 65. ［邦訳『GMとともに』ダイヤモンド社］

＊4 Don Marquis, *The Lesson of the Moth* (New York: Pushcart Press, 1976), pp. 167-68.

＊5 Albert Bandura, "Self-efficacy Mechanism in Human Agency." *American Psychologist*, February 1982, pp. 122-47.

3 戦略Ⅰ 人を引きつけるビジョンを描く

＊1 David Halberstam, *The Powers That Be* (New York: Dell, 1979), p. 40. ［邦訳『メディアの権力』朝日新聞

社〕

＊2　Jonathan Carr, “Success as a State of Mind,” *Financial Times*, Feb. 13, 1984.

＊3　Maurice Hutt, ed., *Napoleon* (Englewood Cliffs, NJ.: Prentice-Hall, 1972), p. 151.

＊4　いずれも著者はバート・ナナス、出版社はJossey-Bass Division of Macmillan in San Franciscoである。*Visionary Leadership* (1992)〔邦訳『ビジョン・リーダー』産業能率大学出版部〕、*The Vision Retreat: A Facilitator's Guide* (1995)、The Vision Retreat: Participant's Workbook (1995).

＊5　Charles M. Farkas and Phillippe DeBacker, *Maximum Leadership* (New York: Henry Holt,1996)〔邦訳『マキシマム・リーダーシップ』講談社〕の１４１ページに引用されている。

4　戦略Ⅱ　あらゆる方法で「意味」を伝える

＊1　Richard Snyder, “Organizational Culture,” in Warren Bennis et al., eds., *The Planning of Change*, 4th ed. (New York: Holt, 1985).

＊2　Howard Schwartz and Stan Davis, “Corporate Culture: The Hard-to-Change Values That Spell Sucess or Failure,” *Business Week*, Oct. 17, 1980.

＊3　Ibid.

＊4　Alfred P. Sloan, Jr., *My Years with General Motors* (New York: Doubleday, 1 946; Anchor. 1972).〔邦訳『ＧＭとともに』ダイヤモンド社〕

＊5　Ibid., pp. 45-60.

＊6　J. Patrick Wright. *On a Clear Day You Can See General Motors* (Grosse Point. Mich.: Wright Enterprises, 1979), pp. 16-17.〔邦訳『晴れた日にはＧＭが見える』新潮文庫〕

＊7 Ibid., pp. 17, 18.

＊8 Ibid., p. 15.

＊9 Mary Parker Follett, *Dynamic Administration* (New York: Harper. 1941), pp. 143-44.［邦訳『組織行動の原理　新装版』未来社］

＊10 Noel Tichy and David Ulrich, "The Leadership Challenge—A Call for the Transformational Leader," *Sloan Management Review*. Fall 1984, pp. 59-68.

＊11 Brooke W. Tunstall, "Cultural Transition at AT&T," *Sloan Management Review*, Fall 1983, p.9.

＊12 Ibid., p. 10.

＊13 Sun-tzu, *The Art of War*, edited by James Clavell (New York: Delacorte. 1980), p. 5.［邦訳『兵法』］

＊14 Tichy and Ulrich, op. cit.

＊15 *Johnson & Johnson*, Harvard Business School Case #0-384-053.このケースは１９８３年に南カリフォルニア大学経営学部の我々の同僚、Arvind Bhambriが作成したもので、HBS Case Services (Harvard Business School, Boston MA 02163）をとおして配布されている。引用は４ページより。

＊16 Ibid., p. 5.

＊17 Ibid.

＊18 Ibid., p. 6.

＊19 Tunstall, op. cit., p. 11.

5 戦略Ⅲ「ポジショニング」で信頼を勝ち取る

＊1 John W Gardner, *On Leadership* (New York: Free Press, 1990). ［邦訳『リーダーシップの本質』ダイヤモンド社］

6 戦略Ⅳ 自己を創造的に活かす

＊1 Donald N. Michael, “Planning—And Learning from It,” in John M. Richardson, Jr., ed., *Making It Happen* (Washington, D.C.: U.S. Association for the Club of Rome, 1982), pp. 175-80.

＊2 James W. Botkin. Elmandira Mahdi, and Malitza Mircea, *No Limits to Learning* (New York: Pergamon, 1979), p. 10. ［邦訳『限界なき学習』ダイヤモンド社］

＊3 James MacGregor Burns, *Leadership* (New York: Harper a Row, 1978), p. 380.

＊4 Alfred P. Sloan, Jr., *My Years with General Motors* (New York: Doubleday, 1946; Anchor. 1972). ［邦訳『GMとともに』ダイヤモンド社］

＊5 W. Brooke Tunstall, “Cultural Transition at AT&T,” *Sloan Management Review*, Fall 1 983.

＊6 Audrey Choi, “Stacked DEC: Digital’s New Attitude Toward Old Enemies Puts It Back in Game,” *Wall Street Journal*, April 9, 1996, p. A10.

＊7 Burns, op cit., p. 117.

＊8 Jeff Cole, “Gentle Persuasion: New CEO at Hughes Studied Its Managers, Got Them on His Side,” *Wall Street Journal*, March 30, 1993, p. A6.

＊9 Daniel Hertzberg, “Citicorp Leads Field in Its Size and Power—And in Its Arrogance,” *Wall Street Journal*, May 11, 1984, p. 1.

＊10 Jan J. Erteszek, “The Common Venture Enterprise: A Western Answer to the Japanese Art of Manage ment," *New Management* 1 (1983):5.

＊11 Michael, 1982, op. cit.

＊12 James Brian Quinn, *Strategies for Change* (Homewood, 111.: Irwin, 1980).

＊13 組織学習の新しい重要な概念については、ピーター・M・センゲが画期的な著作、*The Fifth Discipline* (New York: Doubleday, 1990)〔邦訳『最強組織の法則』徳間書店〕のなかで詳細に論じている。

7「責任を引き受ける」ということ

＊1 John W. Gardner, "The Antileadership Vaccine," *Annual Report of the Carnegie Corporation* (New York: Carnegie Corporation, 1965), p. 12.

＊2 「変革的リーダーシップ」という表現は、ジェームズ・マグレガー・バーンズの画期的な著作、*Leadership* (New York: Harper & Row, 1978)の第3、4章から引用。

＊3 Lovett H. Weems, Jr., *Church Leadership* (Nashville: Abingdon Press, 1993)の38ページに引用されている。

＊4 James O'Toole, *Leading Change* (San Francisco: Jossey-Bass, 1995).

＊5 この逸話は、バーバラ・ゲルブがマイク・ニコルズについて論じた記事から引用した。Barbara Gelb, "The Director's Art," *New York Times Magazine*, May 27, 1984, p. 29.

本書は一九八五年に刊行された『Leaders』(邦訳『リーダーシップの王道』新潮社、一九八七年)の最新版(二〇〇七年)を翻訳したものです。

弊社刊行物の最新情報などは
以下で随時お知らせしています。
ツイッター
@umitotsuki
フェイスブック
www.facebook.com/umitotsuki
インスタグラム
@umitotsukisha

本物《ほんもの》のリーダーとは何《なに》か

2011年6月2日　初版第1刷発行
2020年7月3日　第10刷発行

著者　ウォレン・ベニス
　　　バート・ナナス
訳者　伊東奈美子《いとうなみこ》
装幀　重原 隆
印刷　萩原印刷株式会社
発行所　有限会社海と月社
〒180-0003
東京都武蔵野市吉祥寺南町2-25-14-105
電話0422-26-9031　FAX0422-26-9032
http://www.umitotsuki.co.jp

定価はカバーに表示してあります。
乱丁本・落丁本はお取り替えいたします。

ISBN978-4-903212-26-5

◉ ウォレン・ベニス、もう一冊の名著 ◉

リーダーになる［増補改訂版］

ウォレン・ベニス
伊東奈美子［訳］
◎1800円（税抜）

人は「いかにして」
すぐれたリーダーになるのか

世界21カ国で刊行。
数千人のリーダーを対象にした入念な取材、
4人の大統領顧問経験等に裏打ちされた
時代を超えて読み継がれる世界的ベストセラー。
ドラッカー、トム・ピーターズも激賞の書!!

サーバント・リーダー

ジェームズ・ハンター
髙山祥子［訳］　◎定価 1600 円（税抜）

資生堂名誉会長、福原義春氏推薦。ある男性が１週間でリーダーシップを学ぶ物語。静かな感動。世界 360 万部超の名著。

逆境を生き抜くリーダーシップ

ケン・アイバーソン
近藤隆文［訳］　◎定価 1600 円（税抜）

ユニクロの柳井正氏推薦！ 瀕死のニューコアを全米第三位の鉄鋼メーカーに変貌させた伝説の経営者によるリーダー論。

リーダーシップ・チャレンジ［原書第五版］

ジェームズ・M・クーゼス　バリー・Z・ポズナー
金井壽宏［解説］ 関 美和［訳］
◎定価 2800 円（税抜）

世界180万部突破。25 年超の調査で生まれた最も信頼される実践テキストの最高峰。

響き合うリーダーシップ

マックス・デプリー
依田卓巳［訳］　◎定価 1600 円（税抜）

ハーマン・ミラー中興の祖による感動のリーダー論。20 年以上、世界の CEO から絶賛されるバイブル。ドラッカーも絶賛。